玩成优等生的1010个脑筋急转弯

张祥斌　主编

当代世界出版社

图书在版编目（CIP）数据

玩成优等生的1010个脑筋急转弯 / 张祥斌主编. --北京 : 当代世界出版社，2013.4

ISBN 978-7-5090-0870-6

Ⅰ. ①玩… Ⅱ. ①张… Ⅲ. ①智力游戏—青年读物②智力游戏—少年读物 Ⅳ. ①G898.2

中国版本图书馆CIP数据核字(2012)第281295号

书　　名：玩成优等生的1010个脑筋急转弯
出版发行：当代世界出版社
地　　址：北京市复兴路4号（100860）
网　　址：http://www.worldpress.com.cn
编务电话：（010）83908400
发行电话：（010）83908409
（010）83908377
（010）83908423（邮购）
（010）83908410（传真）
经　　销：新华书店
印　　刷：三河市祥达印装厂
开　　本：710×1000毫米 1/16
印　　张：15.5
字　　数：140千字
版　　次：2013年4月第1版
印　　次：2013年4月第1次
书　　号：ISBN 978-7-5090-0870-6
定　　价：26.00元

目录

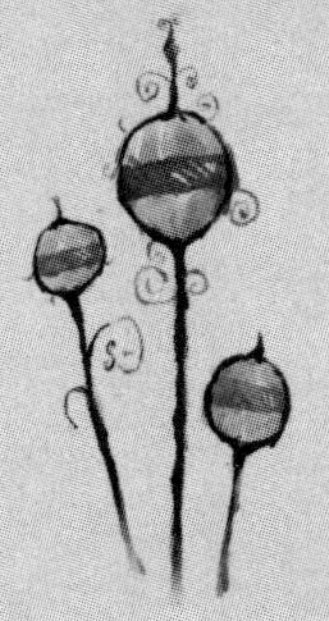

第1章·幽·默·思·维·

幽默是一种世界语言，是一种生活智慧，更是一种人生态度。拥有幽默感的人大多乐观、聪明、向上，在生活中不断地制造欢笑，让周围的人感到轻松愉悦，营造出和谐的氛围的同时，自己也充满自信和成就感。脑筋急转弯是一种超级幽默又锻炼思维灵敏度的趣味头脑游戏。出人意料的答案充满奇思妙想的智慧，恍然大悟后的开怀大笑，既舒缓了紧张的神经，又丰富了闲暇时光。懂得欣赏幽默的孩子，一定如天使般快乐；能够运用幽默的人，一定具有非凡的智慧。

1.30~50之中的哪个数字比熊的大便厉害?

【帮你一把】在“熊的大便”上做文章。

2.和谁交往最辛苦?

【帮你一把】答案在一句古诗中。

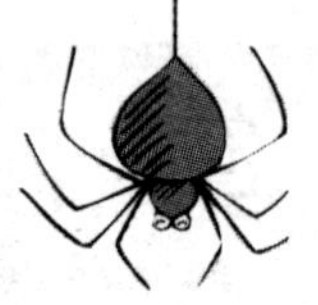

3.蝴蝶、蚂蚁、蜘蛛、蜈蚣,哪一个没有领到酬劳?

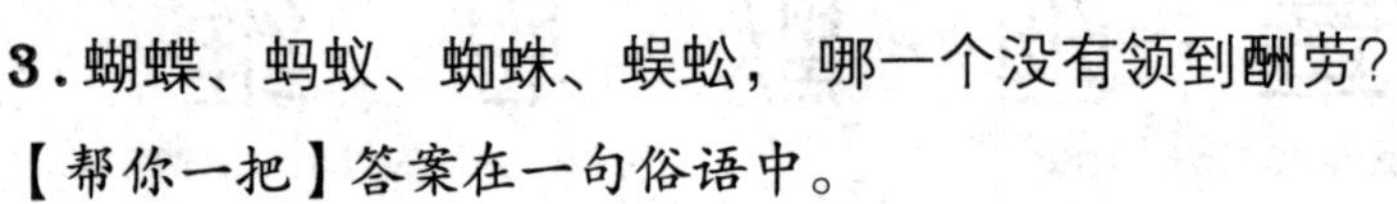

【帮你一把】答案在一句俗语中。

4.有一只蚊子它只叮“鼠牛虎兔龙蛇马羊猴鸡猪”,请问这只蚊子叫什么名字?

【帮你一把】有什么它不叮呢?

5.一个凶残的国王要在全国各地竖立很多他的塑像,一个智者却说这样做很好,为什么?

【帮你一把】都在他的塑像前膜拜吗?

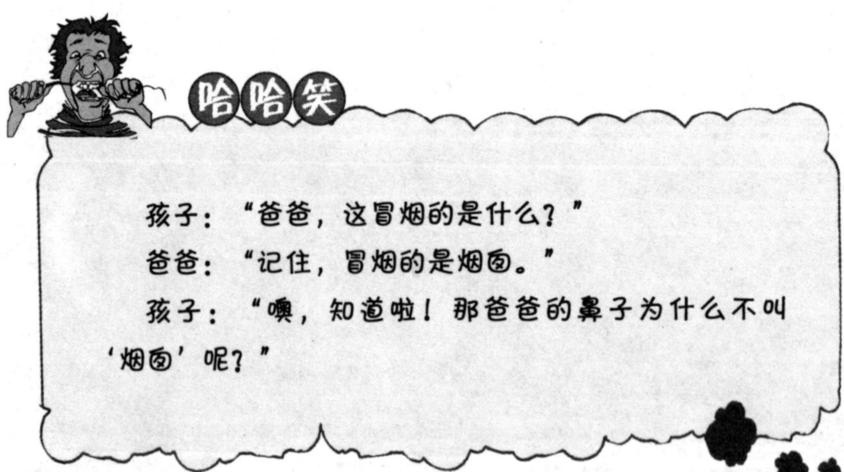

孩子:“爸爸,这冒烟的是什么?”

爸爸:“记住,冒烟的是烟囱。”

孩子:“噢,知道啦!那爸爸的鼻子为什么不叫‘烟囱’呢?”

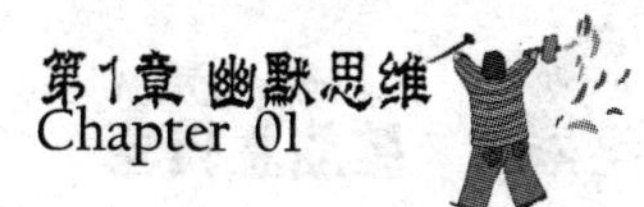

6．“天赋权利”的最佳例子是什么?

【帮你一把】你一出生就有什么权利?

7.阿珍什么家务都不会做，脾气又坏，他爸妈为什么还拼命催她结婚?

【帮你一把】为什么要着急把不好的她嫁出去呢?

8.自古以来男人都称女人是祸水，但为什么男人还是要娶女人呢?

【帮你一把】肯定是一种福气。

9.布和纸怕什么?

【帮你一把】“布和纸”都有什么俗语呢?

10.铅笔姓什么?

【帮你一把】铅笔该怎么用?

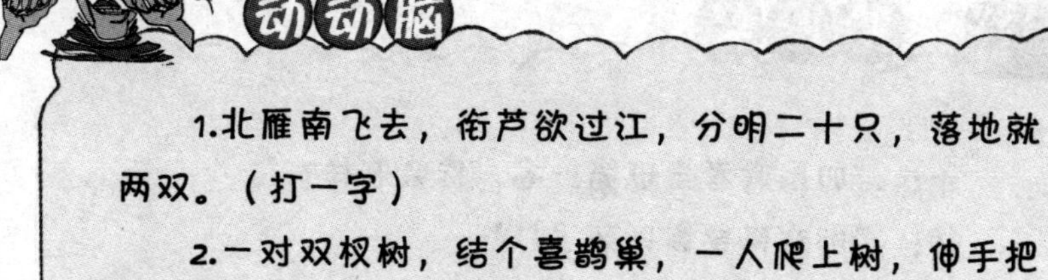

1.北雁南飞去，衔芦欲过江，分明二十只，落地就两双。（打一字）

2.一对双杈树，结个喜鹊巢，一人爬上树，伸手把巢掏。（打一字）

答案：1.燕。2.攀。

11.哪个历史人物游泳必定沉下去?

【帮你一把】“沉下去”的同义词是什么?

12.一个已婚的女子为了保持美好体形坚决不生育，她该怎么称呼?

【帮你一把】在“坚决不生育”上做文章。

13.哪位历史人物最欠扁?

【帮你一把】“最欠扁”的人应该被怎样?

14.“个个大！个个大！”母鸡为什么叫?原来它下蛋了。“你的广告做得很到位！”公鸡听了，一边夸奖母鸡，一边去参观自己的胜利成果。这一看不打紧，公鸡气势汹汹地追母鸡，声称要修理它。问题是：公鸡为什么要追赶母鸡?

【帮你一把】为什么“气势汹汹”呢?

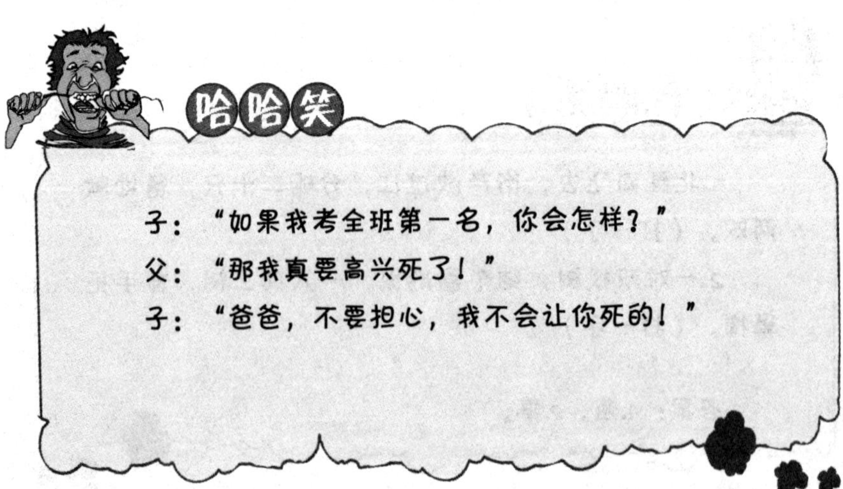

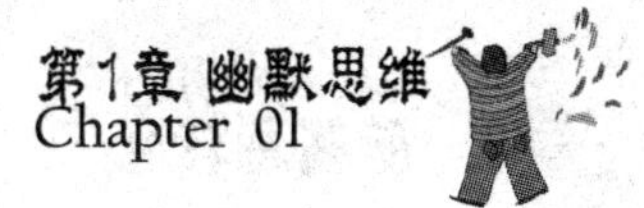

15. 什么东西新的和旧的人们都一样喜欢?

【帮你一把】什么东西无论新旧都不贬值呢?

16. 猪的全身都是宝，用处很大，猪对人类还有什么用处?

【帮你一把】猪的形象都是正面的吗?

17. 画家喜欢画粗的绳子不喜欢画细的绳子，猜一成语。

【帮你一把】在“绳子”和“画”上做文章。

18. 孔子有三位徒弟子贡、子路和子游，请问哪一位不是人?

【帮你一把】答案在一句成语中。

19. 狼、老虎和狮子玩游戏，谁一定会被淘汰?

【帮你一把】答案在一部动画片中。

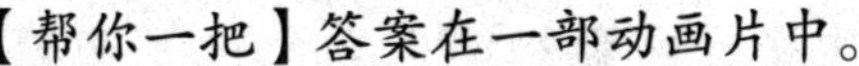

20. 中国人最早的姓氏是什么？

【帮你一把】在“姓”上做文章。

21. 历史上哪个人跑得最快？

【帮你一把】答案在一句俗语中。

22. 对于男人来说，能够娶到一位贤淑的妻子，当然是一大福分；要是娶到一个恶妻呢？

【帮你一把】恶妻也可以让男人懂得许多道理哟！

23. 麒麟到了北极会变成什么？

【帮你一把】北极的环境怎样？

24. 蟑螂请蜈蚣和壁虎到家中做客，发现没有油了，蜈蚣要去买，却久久未回，究竟发生了什么事？

【帮你一把】出门之前要干吗？

丰对卅说：哟，哥们，这是咋的啦，大白天的咋还躺地上了呢？

夫对天说：我总算等到出头之日了！

干对千说：你把帽子戴歪了！

25. 什么人最不适合在加油站工作?

【帮你一把】用什么去加油?

26. 把一头猪涂满银光粉牵到舞台上是什么?

【帮你一把】上台后会有什么效果?

27. 英国政府为在英吉利海峡下挖一条隧道而举行招标，预算达数百万英磅。可是有一家商行只要一万英磅。

建筑委员会主席问："考虑到设备和成本，这么少的标的，请问，你打算怎么进行这项工程？"承包商答道："这很简单。我的合作人拿一把铁锹，在法国那边动手挖掘；我拿另一把铁锹从英国这边动手挖掘，一直挖到我们俩汇合在一起你就会得到一条隧道了！"

"如果你们不能汇合呢？"主席又问。

请猜猜，承包商如何回答?

【帮你一把】"不能汇合"也可以有好处!

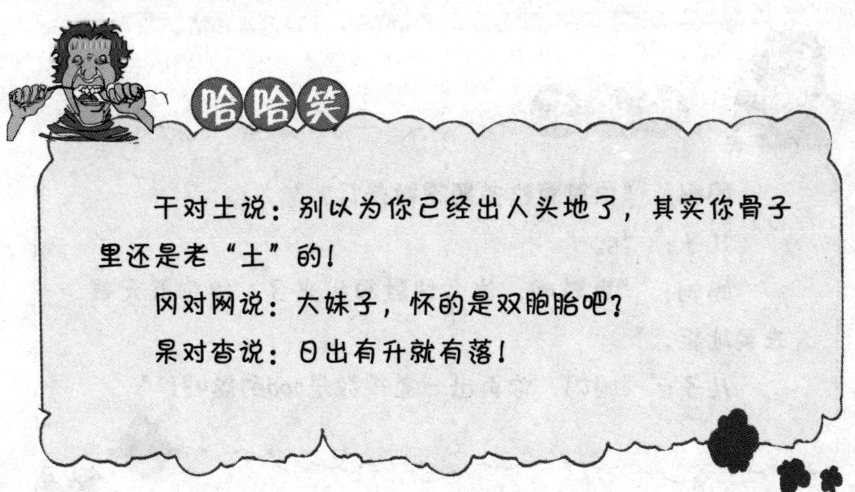

28. 中国哪个省的东西最不便宜?

【帮你一把】"不便宜"意味着什么?

29. 什么植物和动物很像鸡?

【帮你一把】在"像鸡"上做文章。

30. 什么人像鸡?

【帮你一把】可以调侃调侃回答者。

31. 手机不可以掉到马桶里，猜一成语。

【帮你一把】"掉到马桶里"会有什么后果?

32. 有只小蚂蚁在自己家附近玩耍，不久看见一头大象慢悠悠走了过来，蚂蚁一惊，连忙跑回家去，想了想又伸出了一条自己细细的小腿，请问为什么?

【帮你一把】答案和蚂蚁的行为一样出人意料!

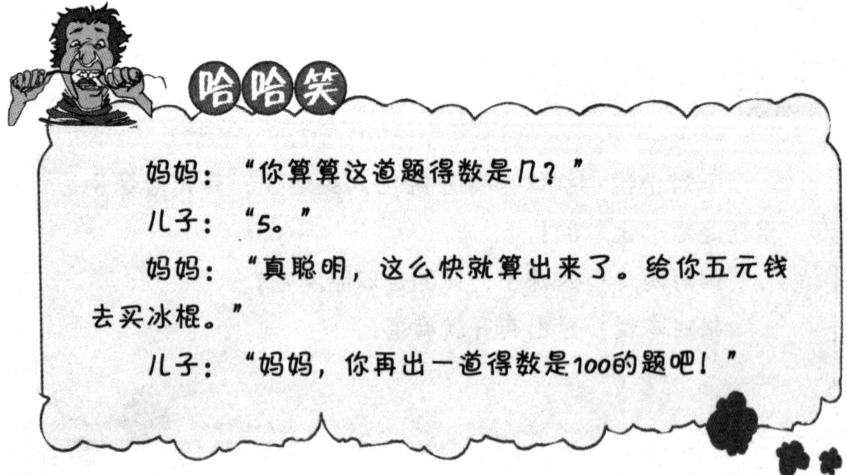

妈妈："你算算这道题得数是几?"

儿子："5。"

妈妈："真聪明，这么快就算出来了。给你五元钱去买冰棍。"

儿子："妈妈，你再出一道得数是100的题吧!"

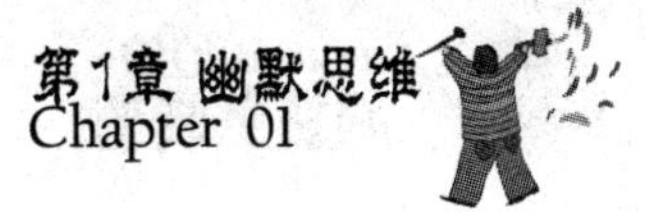

33. 周瑜与诸葛亮的母亲分别姓什么？

【帮你一把】答案在《三国演义》里著名的一句话中。

34. 胆小鬼吃什么可以壮胆？

【帮你一把】答案在一句成语中。

35. 为什么帽子脏了要翻面再戴？猜一成语。

【帮你一把】在“翻面再戴”上做文章。

36. 有一种牛皮最容易被戳穿，那是什么牛皮？

【帮你一把】带“牛皮”的贬义词是什么？

37. 阿比明天要考英文，他听说佛光山的菩萨有求必应，他赶忙上山烧香拜佛，求菩萨保佑他明日考试顺利通过，结果隔天英文还是考砸了，为什么？

【帮你一把】菩萨是哪国人呢？

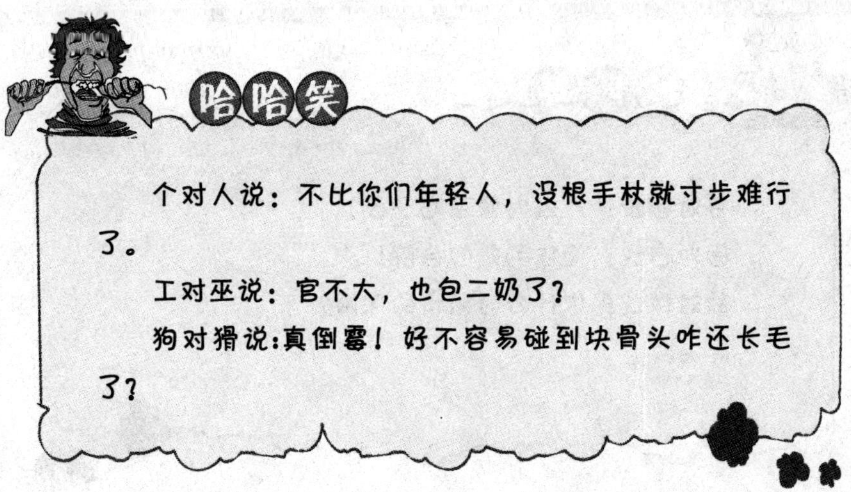

个对人说：不比你们年轻人，没根手杖就寸步难行了。

工对巫说：官不大，也包二奶了？

狗对猾说：真倒霉！好不容易碰到块骨头咋还长毛了？

38. 黑人不必担心哪一件事?

【帮你一把】他不担心，但你担心。

39. 橡皮、老虎皮、狮子皮哪一个最不好?

【帮你一把】在“橡皮”上做文章。

40. 对单身汉来说，家有贤妻是最大的幸福；那么，对已婚的男人来说，什么是最大的幸福?

【帮你一把】“外面的人想进来，里面的人想出来”是形容什么?

41. 有一种药，你想吃上药店却买不到，这是什么药?

【帮你一把】在生活中，最常挂在嘴边的药，不在药店里。

42. 化妆品可以使女人的脸变得美丽，可是会使哪些人的脸变得非常难看?

【帮你一把】化妆品价格不菲吧!

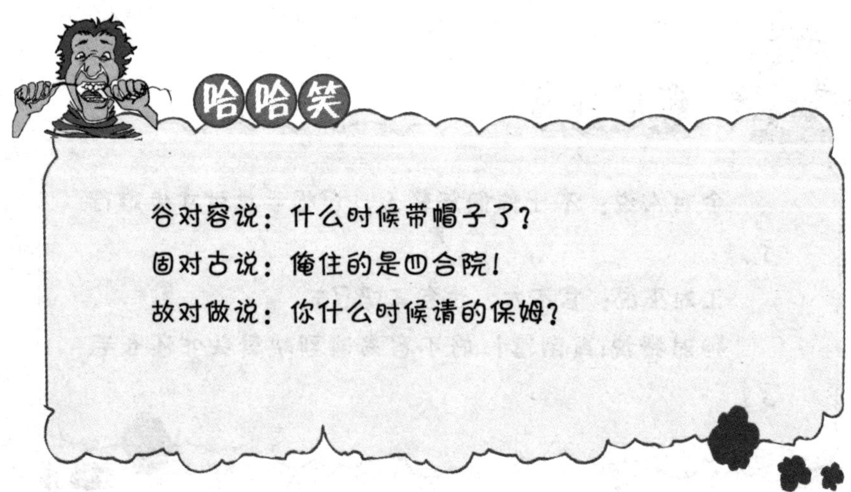

43. 有什么办法在最短的时间内打开魔方？

【帮你一把】怎么“打开”最快呢？

44. 换心手术失败，医生问快要断气的病人有什么遗言要交代，你猜他会说什么？

【帮你一把】答案在一首歌名中。

45. 家里又脏又乱，怎样才能在最短时间内弄干净？

【帮你一把】答案在一句俗语中。

46. 经理不会做饭，可有一道菜特别拿手，是什么？

【帮你一把】领导经常“炒”什么？

47. 有一只老鼠碰到一堆屎，从上面过去了却留下三只脚印，这是为什么？（注：老鼠不是三只脚）

【帮你一把】你如果碰到，会怎样呢？

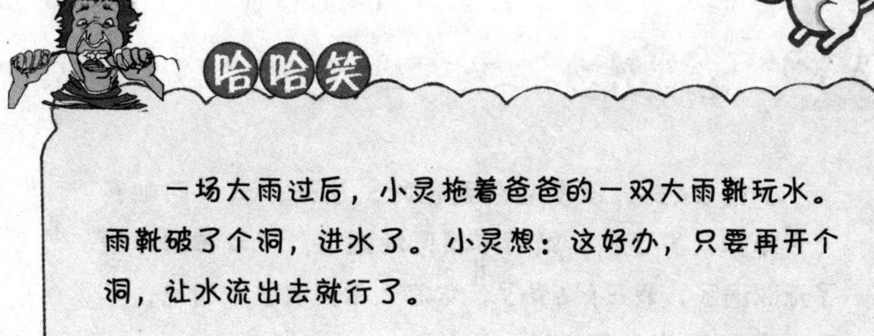

一场大雨过后，小灵拖着爸爸的一双大雨靴玩水。雨靴破了个洞，进水了。小灵想：这好办，只要再开个洞，让水流出去就行了。

48.考试做判断题，小华掷骰子决定答案，但题目有20题，为什么他却扔了40次?

【帮你一把】小华是个“认真”的孩子。

49.酒喝多了伤人，不喝呢?

【帮你一把】酒鬼喝不到酒会怎样?

50.开学后的最大愿望是什么?

【帮你一把】开学前是什么时期?

51.有什么方法可以证明时光飞逝?

【帮你一把】在“飞”字上做文章。

52.考试时最应注意什么?

【帮你一把】想想考场上有谁吧!

小侄女4岁，没事我总爱逗她。这天，我又问她：“今年你几岁了?”她极不情愿地撇嘴：“我都跟你说了无数遍了，我已经4岁了，你怎么老问我这个问题，不要老拿我当3岁小孩!”

53. 灰姑娘的老爸老妈可能是谁?

【帮你一把】灰色是怎么出来的?

54. 烤肉的时侯最怕什么?

【帮你一把】你肯定不想吃生肉吧!

55. 油漆工的徒弟叫啥?

【帮你一把】答案在一句成语中。

56. 老古家半夜遭小偷盗窃，损失惨重，但当警方通知破案时，老古却送慰问品去看那名窃贼，为什么?

【帮你一把】在“半夜”上做文章。

57. 老师给萨姆布置了一篇作文，题目是：什么是懒惰。萨姆用最简短的文字写下了这篇作文，他是怎么写的?

【帮你一把】他不是最懒惰的，还写了几个字!

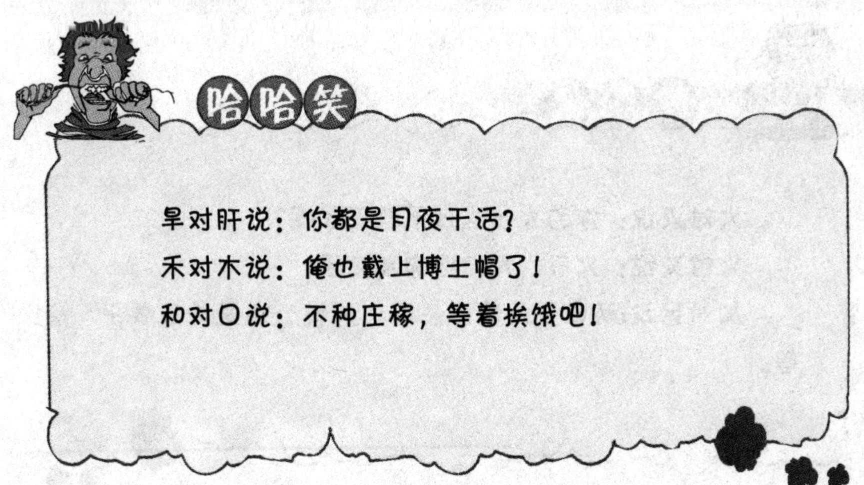

58. 老刘去年因为骂警察是猪而被罚款一万五千元，为什么今年又骂警察是猪，却被罚了三万元？

【帮你一把】“二师兄”的肉比起“师傅”的肉，价格如何？

59. 有人说，女人像一本书，那么胖女人像什么书？

【帮你一把】书该怎么“胖”起来？

60. 老张不小心吞了一枚金币，为什么到十年后才去手术取出来呢？

【帮你一把】为什么不着急呢？

61. 理发师最不喜欢的人是谁？

【帮你一把】什么人不需要理发呢？

62. 梁山伯和祝英台变成了一对比翼双飞的蝴蝶之后怎样了？

【帮你一把】一对蝴蝶会怎样？

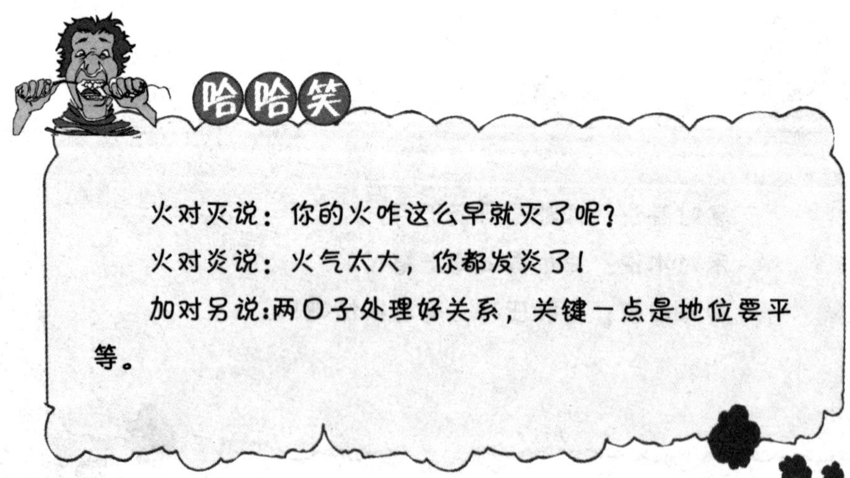

63. 有什么办法能使眉毛长在眼的下面？

【帮你一把】你改变不了事物的本性，但可以改变它所处的环境。

64. 榴莲和地心引力有什么关系？

【帮你一把】地心引力是谁发现的？怎么发现的？

65. 卖水的人看到河会怎么想？

【帮你一把】“卖水的人”自然是商人啰！

66. 什么东西肥得快，瘦得更快？

【帮你一把】我们小时候经常玩的一个东西。

67. 用什么方法可以立刻找到遗失的图钉？

【帮你一把】这种方法有效却痛苦。

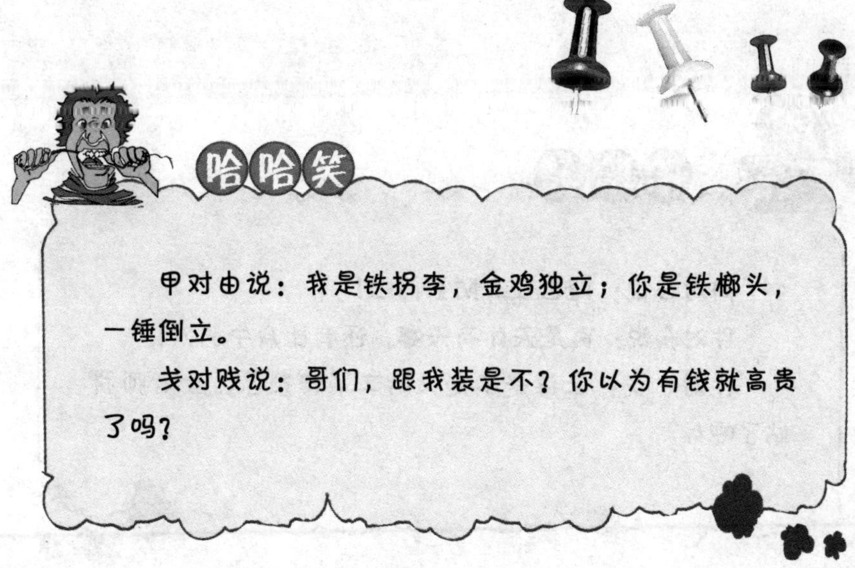

68.每个成功男人背后都有一个女人，那一个失败的男人背后会有什么?

【帮你一把】男人为什么会因为女人而失败呢?

69.摩托车为什么打不着火?

【帮你一把】答案在一个贬义词中。

70.某歌星每次上台演出，总是戴着一只手套，这为什么?

【帮你一把】只戴一只手套，另一只手会怎样?

71.用什么拖地最干净?

【帮你一把】你拖地时累不累?

72.哪一种动物不用休息?

【帮你一把】答案在一句成语中。

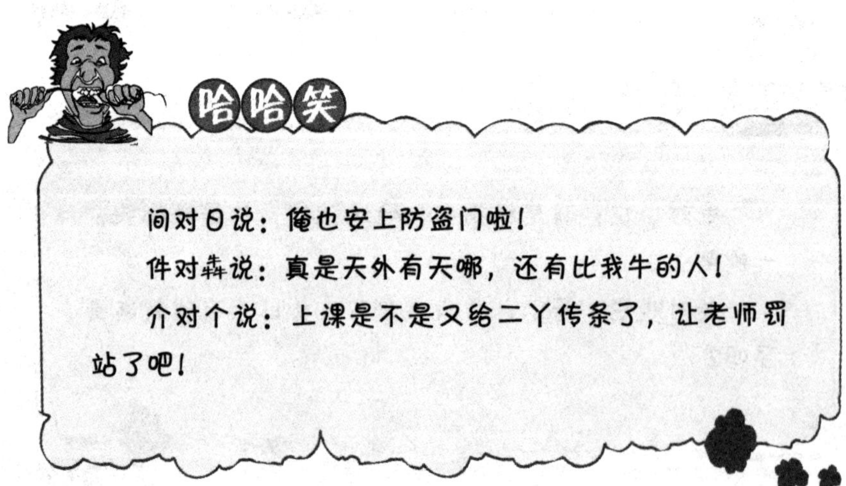

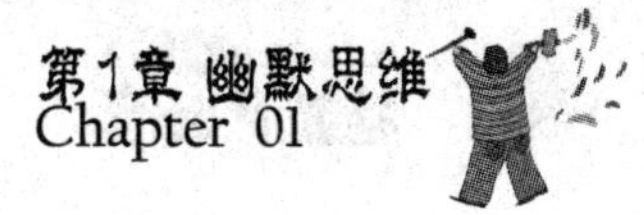

73. 男人最喜欢美女眼里的什么水?

【帮你一把】答案在一句成语中，但可不是照搬原成语啊!

74. 尼克的法语不好，他去法国旅游时吃苦头了吗?

【帮你一把】不会说话的人未必痛苦。

75. 用什么行动祝贺别人向死亡迈进一步，又不会使他生气?

【帮你一把】这是一个黑色幽默。

76. 牛小时候叫“犊”，那兔子、乌龟小时侯应如何称呼?

【帮你一把】答案不太文雅，却很幽默。

77. 女儿第一次参加舞会，妈妈最担心什么?

【帮你一把】答案在一句成语中。

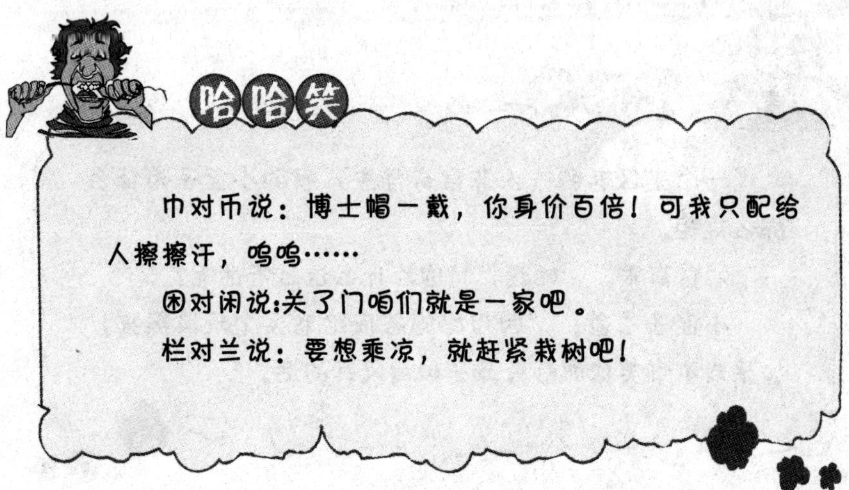

78. 胖妞生病了，最怕别人来探病时说什么？

【帮你一把】这句祝福语可千万别对胖人说哟！

79. 一位游泳运动员横渡了英吉利海峡。当他登陆时，大家都为他喝彩。但一个人却批评他，这个人说了什么？

【帮你一把】说话的人不懂体育运动。

80. 情人卡、生日卡、大大小小的卡，到底要寄什么卡给女人，最能博得她的欢心呢？

【帮你一把】什么卡价值大呢？

81. 琼斯练钢琴，除了妈妈给钱，还有谁给？

【帮你一把】“练钢琴”是一种幸福吗？

82. 全世界死亡率最高的地方在哪里？

【帮你一把】在“地方”上做文章。

一个来做客的夫人非常奇怪主人家的小侄子为什么那么规矩。

“你真乖。”她说，“你为什么这么听话呢？”

小侄子答道：“因为妈妈答应给我买个玩具熊猫，如果我不嘲笑你那蒜头鼻子和煽风耳的话。”

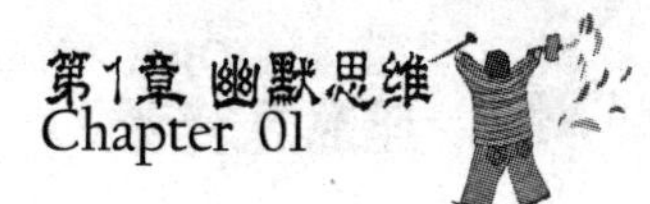

83. 人最怕屁股上有什么东西?

【帮你一把】屁股上有脏东西不是最可怕的。

84. 仁慈的皇帝却常常灭人九族来惩罚罪犯，为什么?

【帮你一把】这是一个黑色幽默。

85. 如果明天就是世界末日，为什么今天就有人想自杀?

【帮你一把】自杀后会去向何处呢?

86. 伊凡吹嘘自己写的小说可以得诺贝尔奖，他写的什么小说?

【帮你一把】这是真的吗?

87. 如果你有一只下金蛋的母鸡，你该怎么办?

【帮你一把】有句成语叫“白日做梦”。

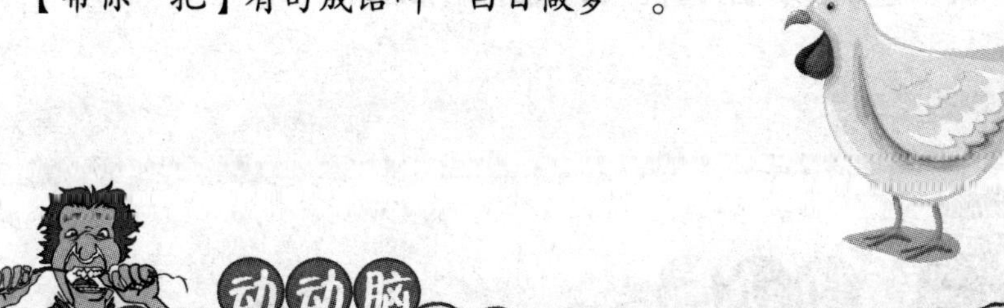

动动脑

1.同是四横四竖，看来一高一低，若把两字拼合，变成四方整齐。（打二字）

2.耙地。（打一外国城市）

答案：1.凹、凸。2.平壤。

88. 如何利用一块钱赚钱？

【帮你一把】赚的钱未必是自己劳动所得吧！

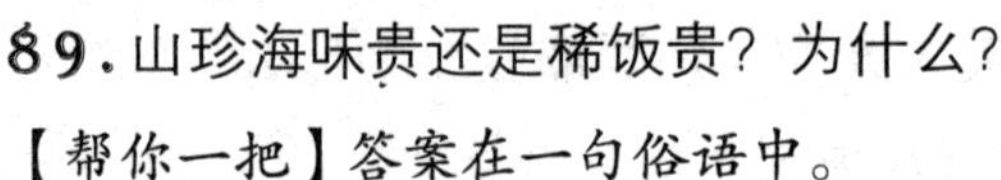

89. 山珍海味贵还是稀饭贵？为什么？

【帮你一把】答案在一句俗语中。

90. 一毛钱可以买几头牛？

【帮你一把】答案在一句成语中。

91. 上尉为何在训练新兵时让高大的站在前面，矮的站在后面？

【帮你一把】什么东西这么排列会很抢眼？

92. 什么袋每个人都有，却很少有人借给别人？

【帮你一把】绞尽脑汁时，你会拍拍什么？

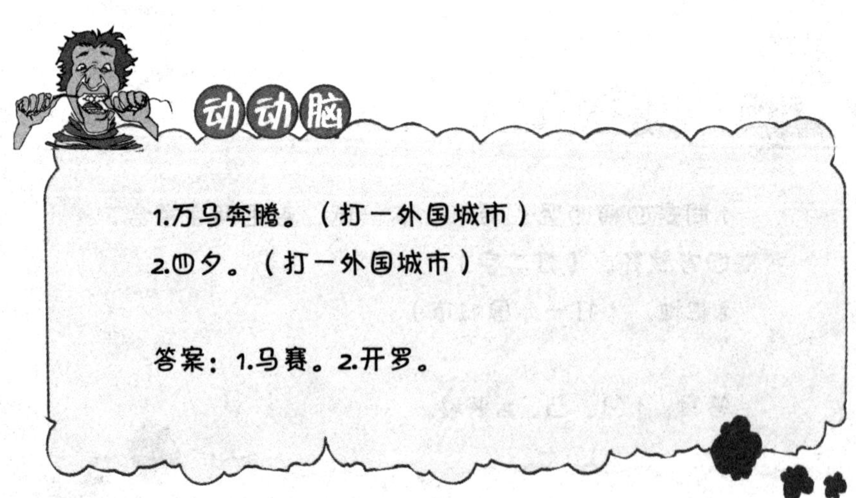

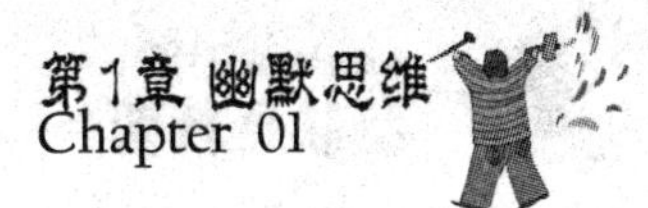

93. 什么蛋又能走又能跳还会说话？

【帮你一把】这个“蛋”肯定不是吃的。

94. 一位先生从单身到结婚，再到生孩子，给乞丐施舍的钱越来越少，乞丐为此大为光火，乞丐生气的理由是什么？

【帮你一把】乞丐可不为这位先生的家人着想。

95. 什么东西比乌鸦更讨厌？

【帮你一把】人们常借“乌鸦”形容什么？

96. 什么动物天天熬夜？

【帮你一把】你熬夜时，眼睛会怎样？

97. 什么鬼整天腾云驾雾？

【帮你一把】在“腾云驾雾”上做文章。

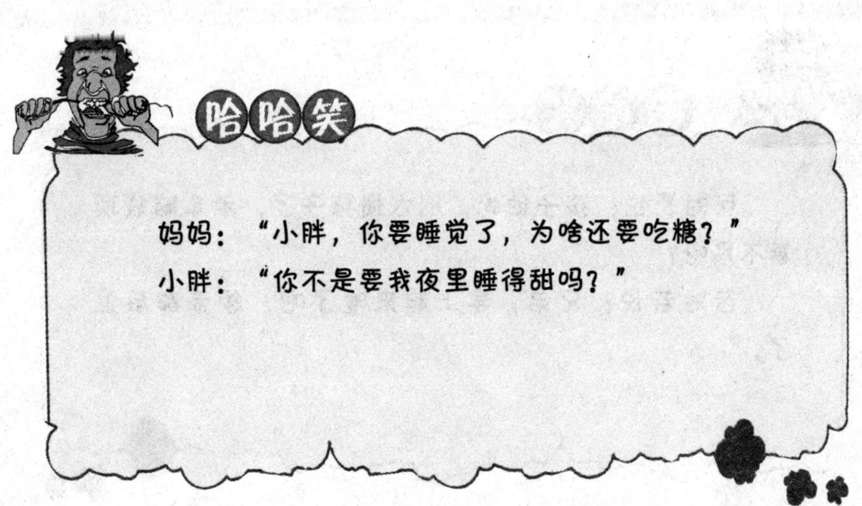

98.一群惧内的大丈夫们正聚集在一起商量怎样重振男子汉的雄风，突然听说他们的老婆来了，大家四处逃窜，唯独一人没有跑，为什么?

【帮你一把】什么人跑不动了?

99.什么情况下，每个人都会主动地发扬赴汤蹈火精神?

【帮你一把】“赴汤蹈火”也可以让你有口福啊!

100.什么情况一山可容二虎?

【帮你一把】这两只老虎的关系可不一般啊!

101.什么人人们在说他时很崇拜，但却不想见到他?

【帮你一把】很多人崇拜什么呢?

102.一个人什么“地方”能大能小?

【帮你一把】这个“地方”可以是抽象的东西。

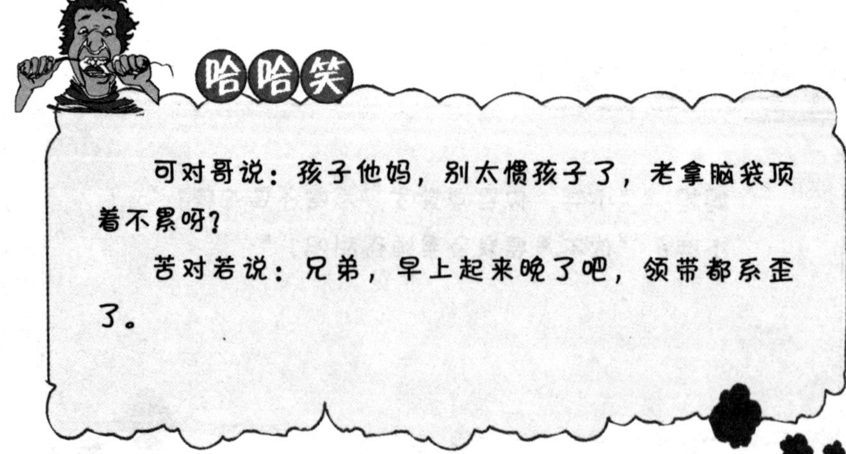

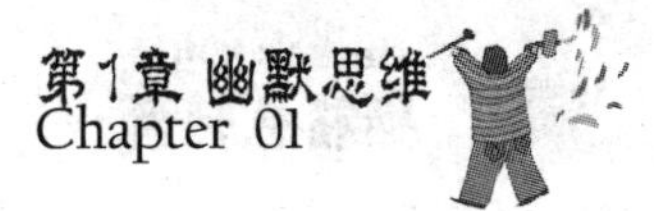

103. 什么伤医院不能治?

【帮你一把】这种伤不流血。

104. 什么时候有人敲门，你绝不会说请进?

【帮你一把】肯定不是在家里。

105. 什么事不仅可以练就一身钢筋铁骨，而且能成就一双不惧“风雨”的眼睛?

【帮你一把】有“风雨”未必在室外吧!

106. 一个人在什么情况下，才处于真正的任人宰割的地步?

【帮你一把】在“宰割”上做文章。

107. 什么是治疗“口臭”的最佳方案?

【帮你一把】这个方案根治得最彻底!

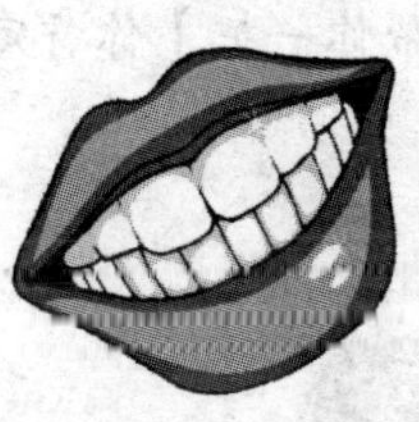

哈哈笑

兰对三说：三妹，你要扎上两条辫子，一定比我漂亮。

里对黑说：难怪你像个木炭，原来你整天踩在火里。

108. 什么数字最听话呢?

【帮你一把】答案在一句成语中。

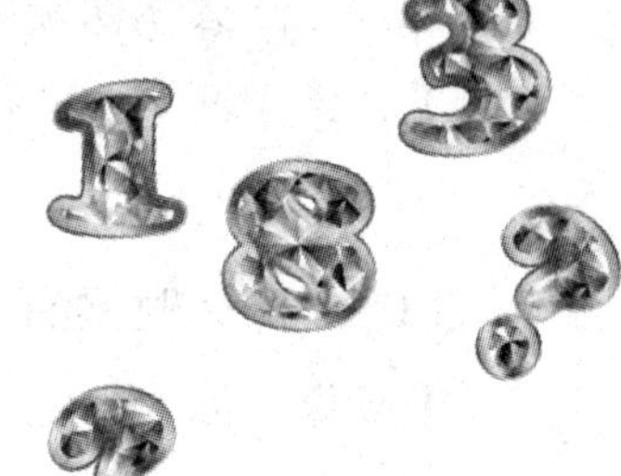

109. 什么样的关系才称得上是生死之交?

【帮你一把】在"生死"上做文章。

110. 一个自讨苦吃的地方在哪里?

【帮你一把】在"苦"上做文章。

111. 实行减肥时,最容易瘦的是哪一个部位?

【帮你一把】这个部位未必在身体上。

112. 世界上任何地方都找不出如此便宜的住所,这是什么地方?

【帮你一把】你肯定不愿意住进去。

一辆汽车在经过一个小村庄时,把一只鸡给轧死了。司机捡起这只不幸的小鸡,对一位看到这件事的小男孩说:"这只鸡是你家的吗?""不,先生,我家的鸡跟它的颜色、模样虽然一样,但没有它这么扁。"

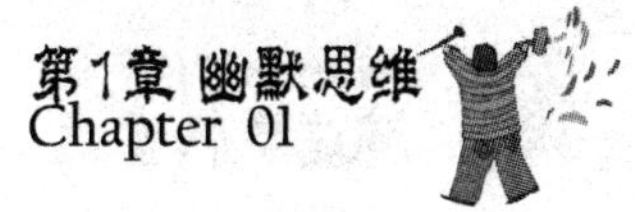

113. 古时候谁的肚子最大?

【帮你一把】答案在一句俗语中。

114. 一个老人头顶上只剩三根头发，有一天他要参加重要宴会，为什么他仍忍痛拔掉其中一根头发呢?

【帮你一把】两根头发会有什么幽默效果?

115. 谁不能唱“哥哥爸爸真伟大”?

【帮你一把】谁不可能有“哥哥爸爸”?

116. 谁是世界上最有恒心的画家?

【帮你一把】画家未必是艺术家吧!

117. 死前放屁又叫什么?

【帮你一把】多数屁是有响声的吧!

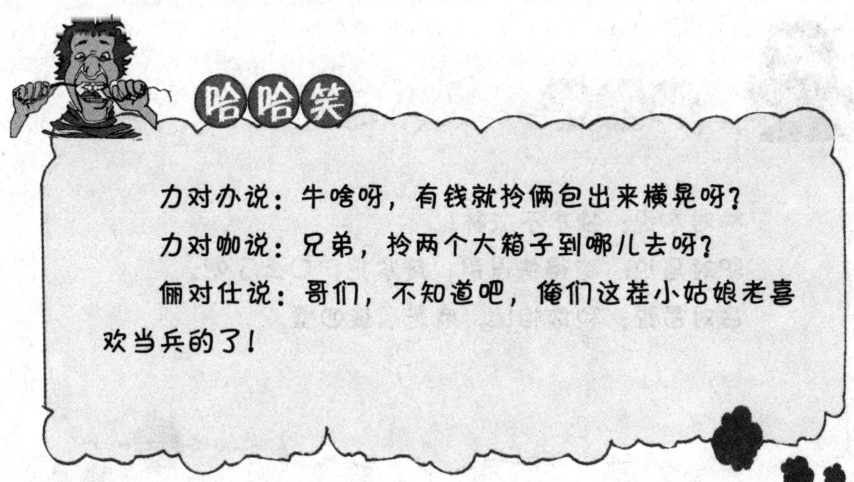

力对办说：牛啥呀，有钱就拎俩包出来横晃呀?

力对咖说：兄弟，拎两个大箱子到哪儿去呀?

俩对仕说：哥们，不知道吧，俺们这茬小姑娘老喜欢当兵的了!

118.一个男人到医院去检查，医生告诉他说：“你怀孕了。”这是为什么？

【帮你一把】答案在一句成语中。

119.糖与醋有什么不同？

【帮你一把】你喜欢吃醋吗？

120.为什么老李喜欢和自己的老婆和孩子一起打麻将？

【帮你一把】打麻将该怎样获利呢？

121.一个离过五十次婚的女人，应该怎么形容她？

【帮你一把】答案在一句成语中。

122.为什么父亲一发现皮夹里的钱数目少了一半后，便一口咬定是儿子干的好事？

【帮你一把】在“少了一半”上做文章。

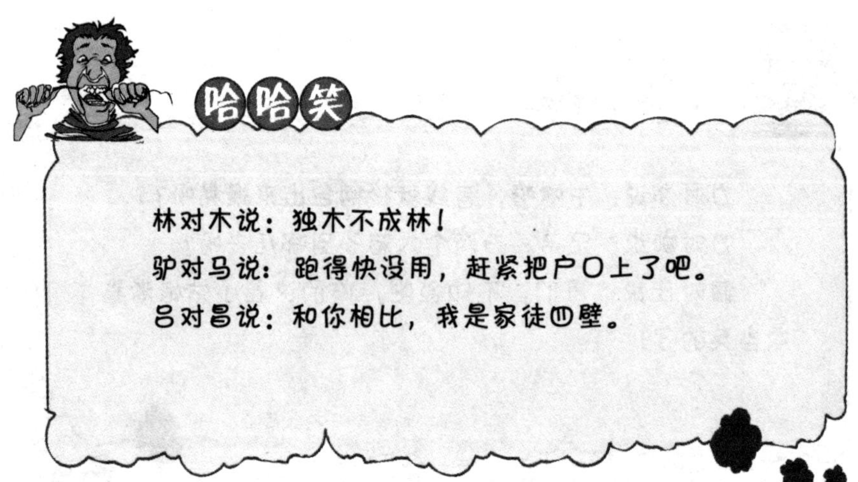

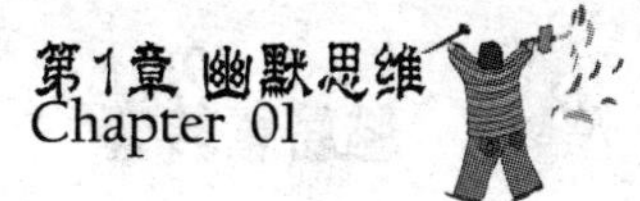

123. 为什么关羽比张飞死的早?

【帮你一把】答案在一句成语中。

124. 为什么女人穿高跟鞋后，就代表她快结婚了?

【帮你一把】穿高跟鞋肯定走不快吧!

125. 一个被枪毙而死的鬼，最大的烦恼是什么?

【帮你一把】他身上有枪眼啊!

126. 为什么胖的人比瘦的人怕晒?

【帮你一把】没有把你当医生的意思哟!

127. 为什么小明拒绝用“一边……一边……”这个词来造句?

【帮你一把】借口听起来很正当哟!

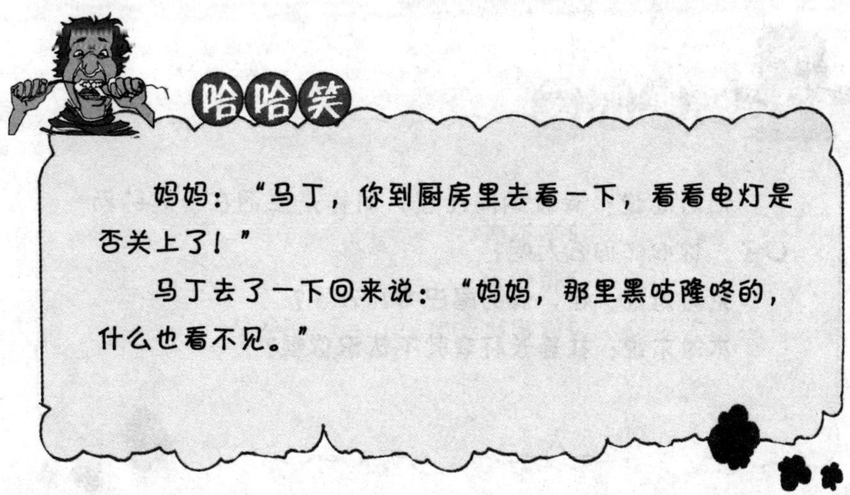

128. 为什么暑假一定比寒假长?

【帮你一把】借用物理学术语幽默一把吧!

129. 要形容女孩子好看，说什么话她最高兴?

【帮你一把】你夸奖别人时，说的都是真心话吗?

130. 为什么养长颈鹿最不花钱?

【帮你一把】长颈鹿最大的特点是什么?

131. 为什么有人说：世界上分配得最公平的东西是“良心”?

【帮你一把】人们对“最公平的东西”会怎样评价?

132. 细菌靠生物而活，那么什么靠细菌活?

【帮你一把】什么人最经常接触细菌?

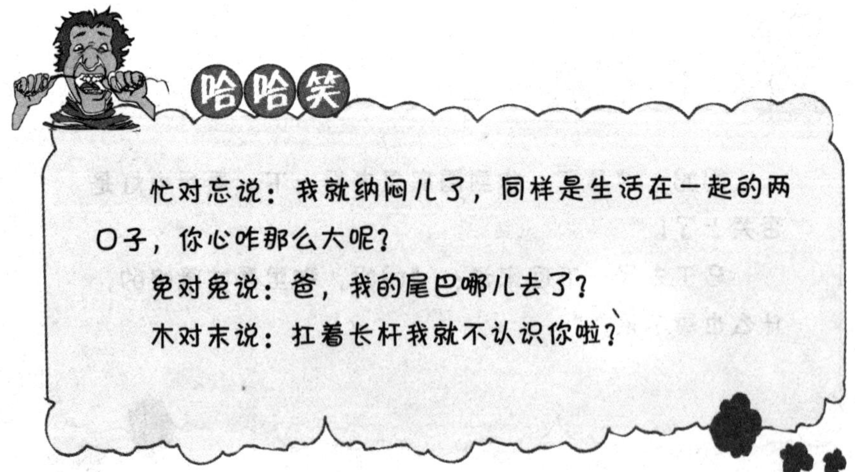

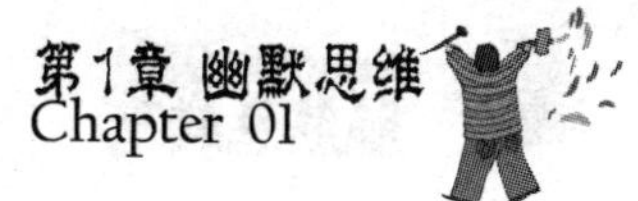

133. 要怎样做，才能使梦想变成现实?

【帮你一把】“变成现实”可不是“实现”啊!

134. 香港最出名的是什么?

【帮你一把】可不是“香”的!

135. 小毕是学校出了名的逃课王，几乎有课必逃，但是有一节课，他却不敢逃，永远准时不缺课，请问是哪一课?

【帮你一把】什么“课”不需要逃?

136. 小星右手的小指受伤了，那么他应该用哪只手写字?

【帮你一把】写字时，小指发挥了什么作用?

137. 小美养了一头凶猛的狼犬，为什么它却从不咬胖子?

【帮你一把】胖子的肉怎样?

木对沐说：你在水里泡着，我看着心疼，不如让我换你下下水吧。

木对森说：几天不见，哥几个玩上杂技啦。

木对术说：脸上长颗痣就当自己是美人啦?

138. 什么句子可以用来形容海尔-波普彗星?

【帮你一把】它多久出现一次呢?

139. 小张把一个鸡蛋扔到一米以外的地方去，鸡蛋却没有破，为什么?

【帮你一把】鸡蛋在什么地方会破?

140. 小军的爷爷年轻时是短跑健将，今年七十岁了，他要到什么时候才能打破男子短跑一百米世界纪录?

【帮你一把】这是真的吗?

141. 小昭娶媳妇为什么不花一分钱?

【帮你一把】答案在一句俗语中。

142. 什么时候看到的月亮最大?

【帮你一把】往远处想，越远越好。

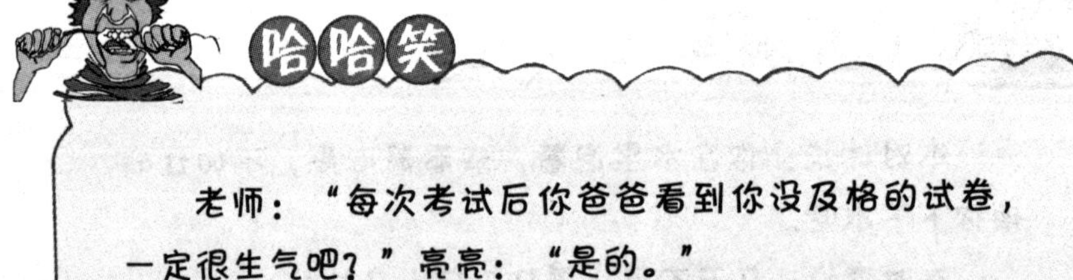

老师：“每次考试后你爸爸看到你没及格的试卷，一定很生气吧?”亮亮：“是的。”

老师：“亮亮，你怎么做才能不让你爸爸生气呢?”亮亮：“这很简单，只要您不再考试，爸爸就不会生气了。”

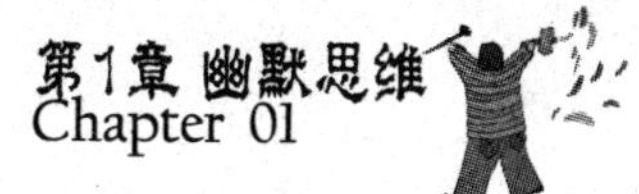

143. 小红的爸爸只当了一次官，而且只当了几天。可是他当那次官时，却每天都要掏腰包，他当的是什么官？

【帮你一把】不是所有的“官”都有权力吧！

144. 什么鸡没有翅膀？

【帮你一把】一种广为人知动物的别名，在菜单里经常看到。

教授按了三下门铃，房门开了，门口站着个10岁左右的小男孩。“小朋友，你爸爸在家吗？”小男孩不以为然地看着教授，取下叼在嘴边的香烟，用手指轻轻弹弹烟灰，接着又猛吸一口，狡黠地笑道：“你认为他会在家吗？”

第2章·应·变·思·维·

脑筋急转弯主要考查的是人的快速应变能力，要不怎么会冠以“急转弯”的名称呢！脑筋急转弯突出一个“急”字，其奥妙还在一个“弯”字上，在问题和答案之间有个“弯”，具有强烈的变幻性和趣味性。脑筋急转弯的技巧是通过对语音、语义、语法、文字、句子、语境等的巧妙运用，跳出人们的常规思维定势，规避思维陷阱，从而就突如其来的提问做出快速反应，在可能的多重答案中去寻找与特定语境最佳关联的答案。这对人的应变思维能力提出了很高的要求。多做脑筋急转弯练习，可以大大提高你的应变能力哦！

145. 本书作者与你有什么共同点?

【帮你一把】你和周围的绝大多数人都有这个“共同点”。

146. 一头被10米长的绳子栓住的老虎,要如何吃到20米之外的草?

【帮你一把】老虎吃什么?

147. 一斤白菜5角钱,一斤萝卜6角钱,那一斤排骨多少钱?

【帮你一把】这不是数学题。

148. 主演最多电影的是谁?

【帮你一把】问的不是人名。

149. “先天”是指父母的遗传,那“后天”是什么?

【帮你一把】“后天”都有什么意思?经常挂在嘴边上的“后天”是什么意思?

乌对乌说:孩子,别伤心了,还是常言说得好哇,老天饿不死瞎家雀儿。

牛对牧说:有点文化就管我呀?小子,记住喽,我吃的料比你吃的草都多!

150. 谁知道银河究竟有多少颗恒星?

【帮你一把】恒星在哪里?

151. 什么时候你的名字会由两个字变四个字?

【帮你一把】不是改名哟!

152. 最不听话的是谁?

【帮你一把】在“不听话”上做文章。

153. 1根2米长的绳子将1只小狗拴在树干上，小狗虽然贪婪地看着地上离它2.1米远的1根骨头，却够不着，请问，小狗该用什么方法来抓骨头呢?

【帮你一把】狗有几条腿?

154. 小玲家的猫为什么不生跳蚤?

【帮你一把】在“生”上做文章。

女对好说：你找到弟弟啦!

女对奴和妃说：看到两位姐姐我才知道嫁错人的后果是多么严重啊!

女对子说：咱们结婚吧，那样才好!

155. 什么人比变形金刚更厉害?

【帮你一把】“变形金刚”不过就是一种玩具嘛!

156. 最坚固的锁怕什么?

【帮你一把】锁的克星是什么?

157. 爸爸答应汉森，只要考试及格，就奖励他10元钱，可为什么汉森还是不及格?

【帮你一把】很好的辩解理由。

158. 是什么原因使小明认为月亮比日本离我们更近?

【帮你一把】可以用什么去衡量距离呢?

159. 病患在什么地方最没痛苦?

【帮你一把】你现在痛苦吗?

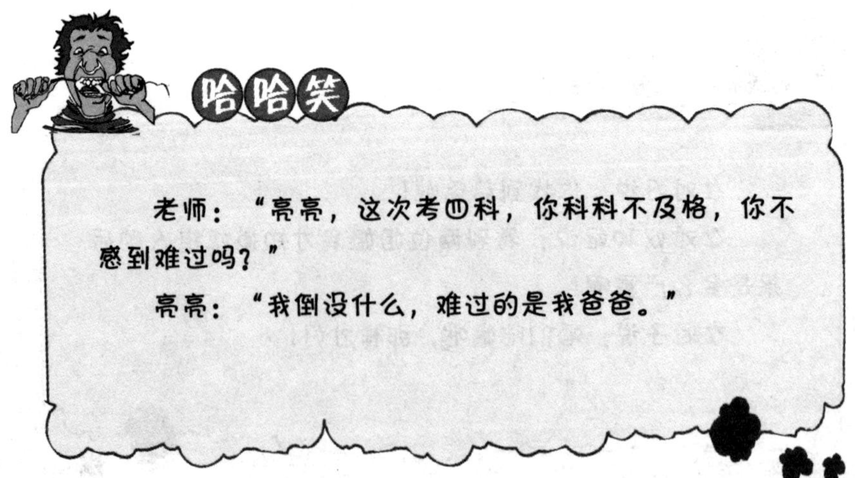

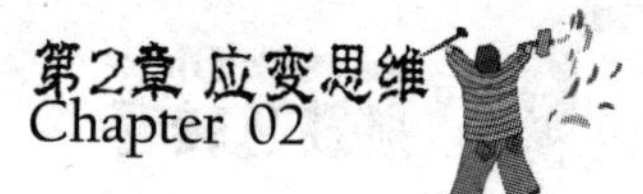

160. 在没有停电、跳电的情况下，为什么陈先生按了开关，电灯却没有亮？

【帮你一把】在“开关”上做文章。

161. 不小心打破妈妈最喜欢的花瓶，该怎么办？

【帮你一把】肯定很害怕吧！

162. 圣诞夜，圣诞老人第一件放进袜子里的是什么东西？

【帮你一把】圣诞老人穿袜子吗？

163. 菜单里为啥没有肉？

【帮你一把】在“里”上做文章。

164. 中国古人曾将蓝色外衣浸于黄河中，会产生何种现象？

【帮你一把】肯定不是变黄。

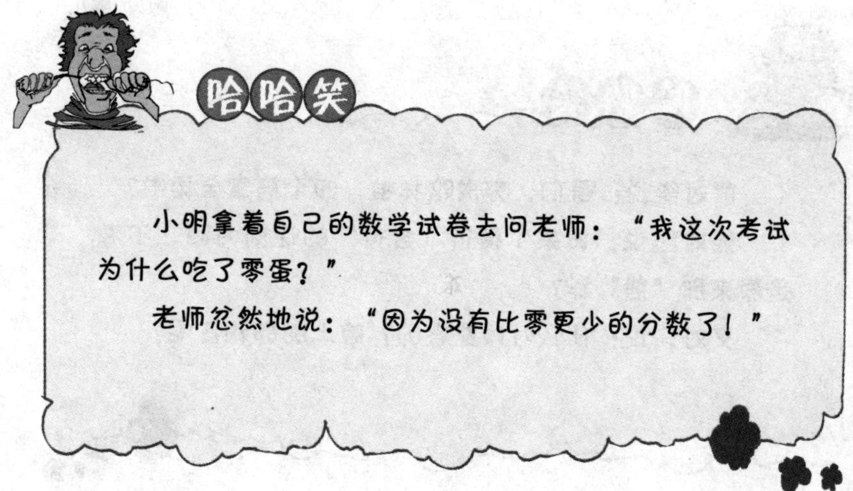

小明拿着自己的数学试卷去问老师：“我这次考试为什么吃了零蛋？”

老师忿然地说：“因为没有比零更少的分数了！”

165. 参加联考时，除了准考证之外，最重要的是什么？

【帮你一把】别想得太复杂了。

166. 聪明人比一般人多了个什么？

【帮你一把】聪明人都有……

167. 大多数人是用左手端碗，右手吃饭，对吧？

【帮你一把】别把注意力集中在手上哟！

168. 在一场足球赛前，你可以准确地告诉我比分吗？

【帮你一把】任何比赛开始前，比分都是一样的。

169. 有一只鹦鹉，它的两只脚各系有一条小铁链。如果拉一下它左脚上的链子，它就会说话；如果拉一下它右脚上的链子，它就会唱歌；那如果同时拉这两条铁链子的话，鹦鹉会怎样呢？

【帮你一把】肯定不是既说话又唱歌。

熊对能说：哥们，穷成这样啦，四个熊掌全卖啦？

能对熊说：如果不懂得“舍得”的深刻内涵，不老是原来那“熊”样？

叉对又说：什么时候整容的？脸上的那颗痣呢？

170. 地球末日来临。地球上最后一位男人正坐在书桌前写遗书，突然听到敲门声，是幽灵，外星人，动物吗？全都不是。更不是因风或石子等无生命的东西发出的声音，那么是谁发出的敲门声呢？

【帮你一把】“全都不是”四个字给了你最好的提示。

171. 电和闪电最大的区别是什么？

【帮你一把】摸摸你的口袋。

172. 战场上，子弹最密集的地方在哪里？

【帮你一把】肯定不是在死尸上。

173. 小刚拿着块石头向玻璃砸去，玻璃却没碎。为什么？

【帮你一把】别想得太复杂了哟！

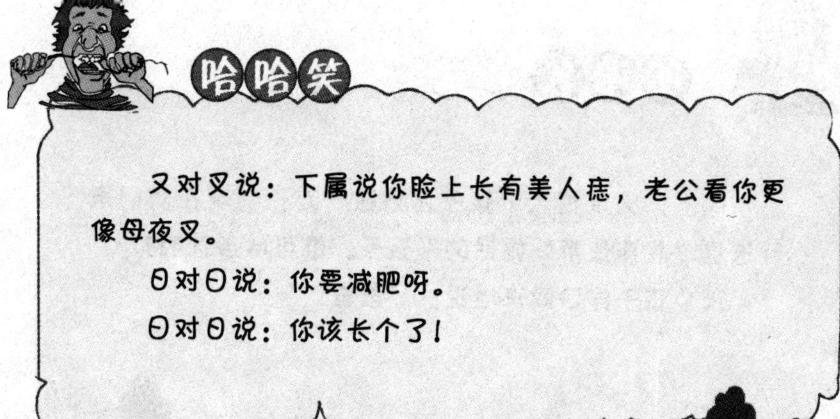

哈哈笑

又对叉说：下属说你脸上长有美人痣，老公看你更像母夜叉。

日对曰说：你要减肥呀。

曰对日说：你该长个了！

174. 动物园里，小明紧挨着老虎合影留念，老虎却没有咬他，为什么？

【帮你一把】你经常看到什么老虎呢？

175. 儿子很有音乐天分，父亲买了一把吉他送给他。儿子天天抱着吉他边弹边唱，可是父亲却很不高兴，不久便把吉他收回来，另外送给儿子一个口琴。这是为什么？

【帮你一把】口琴是弹不响的。

176. 渔夫最怕什么？

【帮你一把】他靠什么谋生呢？

177. 芳芳在学校门口将学生证掉了，她该怎么办？

【帮你一把】你也会那样做的。

178. 何谓“数大就是美”？

【帮你一把】摸摸你的口袋。

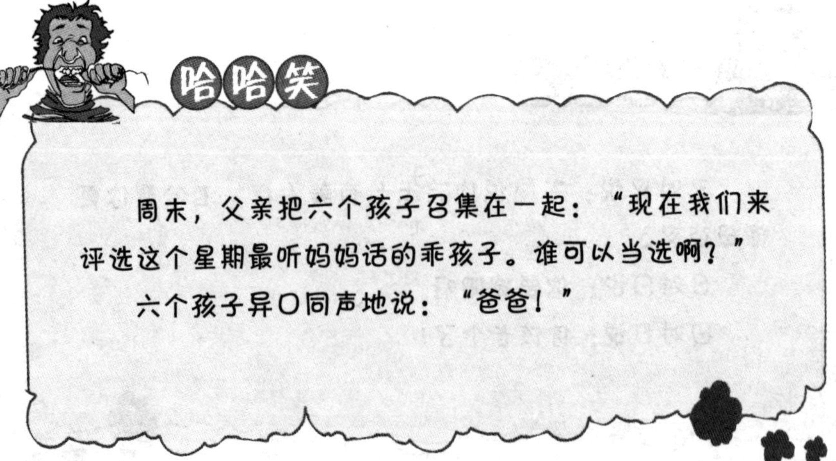

周末，父亲把六个孩子召集在一起：“现在我们来评选这个星期最听妈妈话的乖孩子。谁可以当选啊？”

六个孩子异口同声地说：“爸爸！”

179. 猴子每分钟能掰一个玉米，在果园里，一只猴子5分钟能掰几个玉米？

【帮你一把】这不是数学题！

180. 做游戏时，你是司令，你手下有两名军长，五名团长，十个排长和二十五名士兵，那么他们的司令今年几岁了？

【帮你一把】别被复杂的条件迷惑了！

181. 黄皮肤的人是黄种人，绿皮肤的人属于哪一种？

【帮你一把】在“种”上做文章。

182. 街上那么多的人是从哪来的？

【帮你一把】他们会回到哪里？

183. 警察面对两名歹徒，但他只剩下一颗子弹，他对歹徒说“谁动就打谁”，结果没动的反而挨了子弹，为什么？

【帮你一把】想想你打玩具枪的情景。

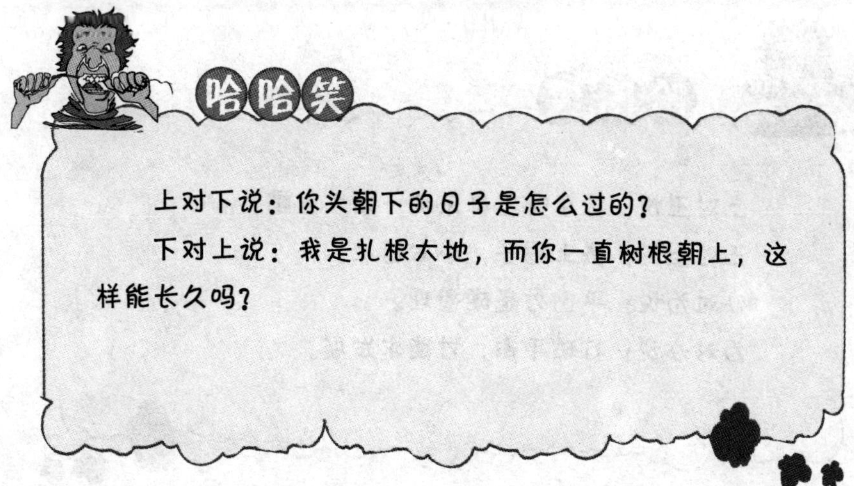

184. 在不能用手的情况下，怎样才能把桌上的一碗面吃完?

【帮你一把】你用什么吃面呢?

185. 蝌蚪没有尾巴，成了青蛙。如果猴子没有尾巴，是什么?

【帮你一把】没变成别的东西吧?

186. 两个身高、体重相当的小朋友在玩跷跷板，你猜结果会如何?

【帮你一把】往好处想。

187. 妈妈最讨厌哪种鸭蛋?

【帮你一把】这种鸭蛋不能吃。

188. 在茫茫大海上漂泊了大半年的海员，一脚踏上大陆后，他接下来最想做什么事情?

【帮你一把】你也会那样做的。

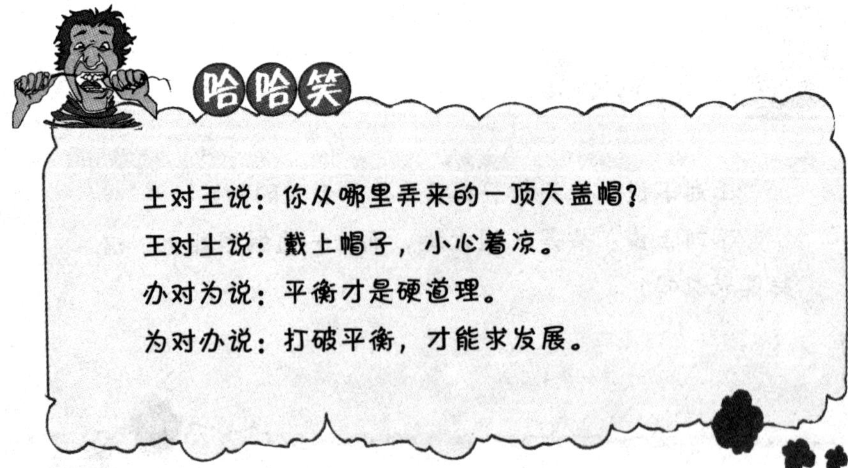

189.没有人类及动物居住的地球是什么呢?

【帮你一把】肯定不是外星球。

190.明星出入公共场所，最怕遇到什么事?

【帮你一把】你看到明星后，会找他做什么?

191.某人认为借书的人从不还书，所以从不借书给别人，他这样认为的依据是什么?

【帮你一把】他为什么会那样认为呢?

192.有一块天然的黑色的大理石，在九月七号这一天，把它扔到钱塘江里会有什么现象发生?

【帮你一把】其实哪天扔都是一样的。

193.哪一件衣服最耐穿?

【帮你一把】和衣服的质量无关。

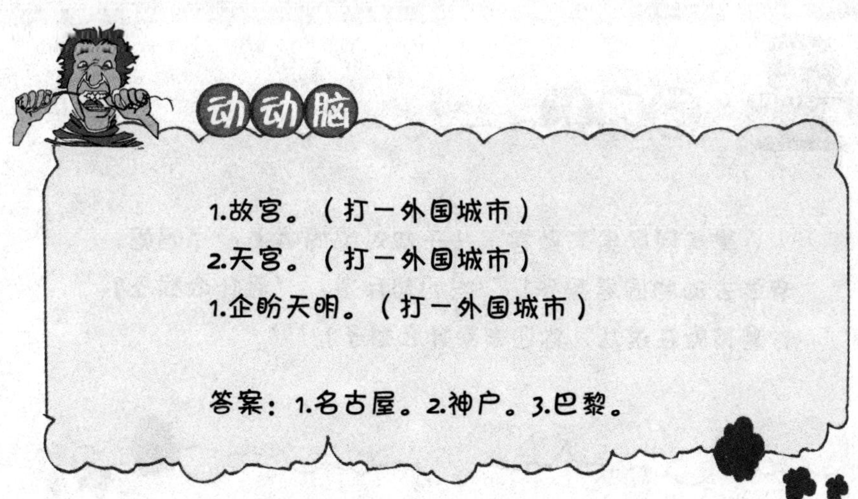

194.你有一艘船，船上有十五位船员，六十位乘客，三百吨货物。你能根据上面的提示，算出船主的年龄吗？

【帮你一把】别被没用的条件干扰了。

195.你知道现代的科学家一般都出生在哪里吗？

【帮你一把】你出生在哪里？

196.什么地方物品售价愈高，客人愈高兴？

【帮你一把】客人未必是出钱吧！

197.女人在不知不觉中丢失掉的东西是什么？

【帮你一把】注意，是“不知不觉”哟！

198.敲凳子会发出“咚咚”声，那么凳子敲人会发出什么声？

【帮你一把】你也会发出那种声音。

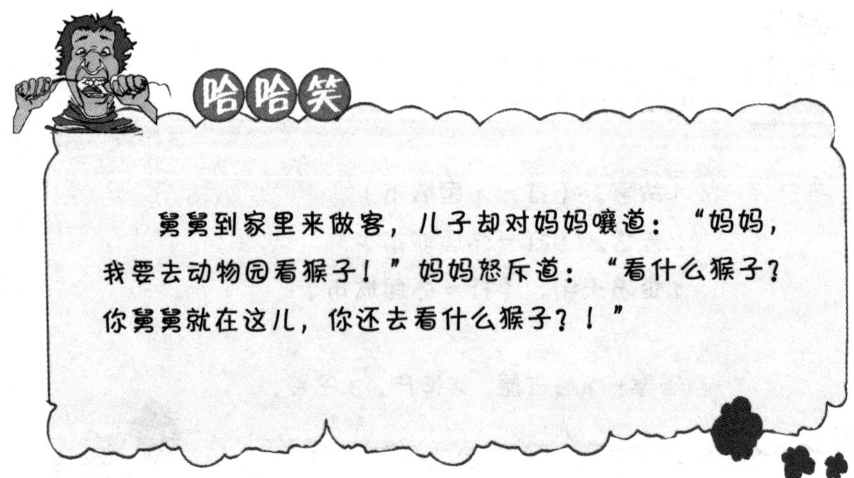

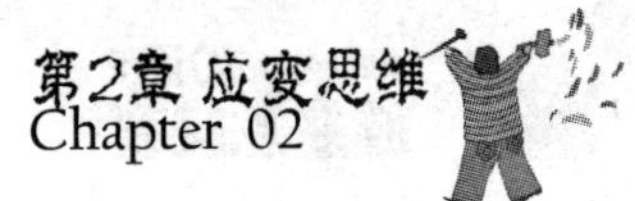

199. 有一位新人长得像刘德华，动作像成龙，走起路来像周润发，为什么见过这位新人的制片商都不肯录用他呢？

【帮你一把】找出这几个明星的共同点。

200. 有一群耗子，中间有只猫，问还有几只耗子？

【帮你一把】真有这种情况吗？

201. 请问大家，人能活到什么时候？

【帮你一把】这是一个文字游戏罢了。

202. 人行走的时候，左右脚有什么不同？

【帮你一把】别想复杂了哟！

203. 任何人必须去的地方是哪里？

【帮你一把】或许你刚刚去过这个地方。

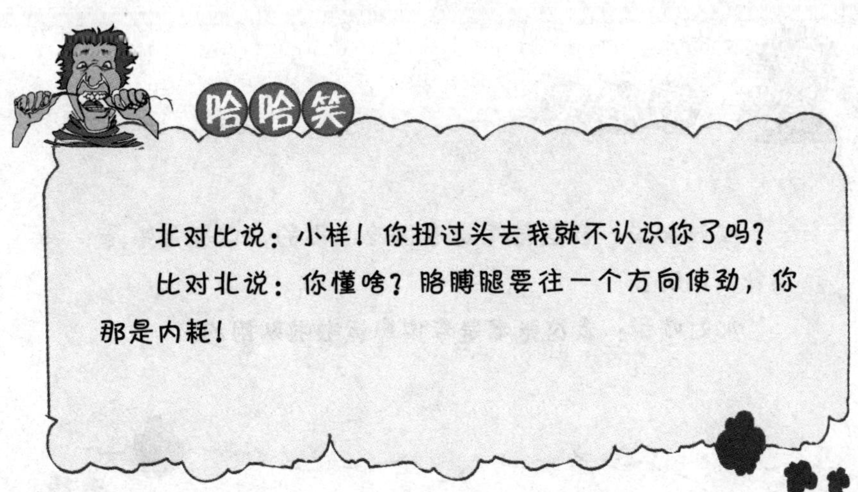

北对比说：小样！你扭过头去我就不认识你了吗？

比对北说：你懂啥？胳膊腿要往一个方向使劲，你那是内耗！

204.用椰子和西瓜打头，哪一个比较痛?

【帮你一把】肯定不是椰子和西瓜。

205.如果动物园失火了，最先逃出来的是哪一种动物?

【帮你一把】是你最常见的动物。

206.如果你生出来的儿子只有一只右手你会怎么办?

【帮你一把】这是个文字游戏罢了。

207.三个金叫“鑫”，三个水叫“淼”，三个人叫“众”，那么三个鬼应该叫什么?

【帮你一把】没有这个字吧?你该叫什么呢?

208.有一个家伙上身穿着棉袄，下身穿着短裤，左手拿着冰可乐，右手端着热咖啡，每天坐在火炉旁，却又开着冷气，请问他到底是什么人?

【帮你一把】你要这样，别人会怎么形容你?

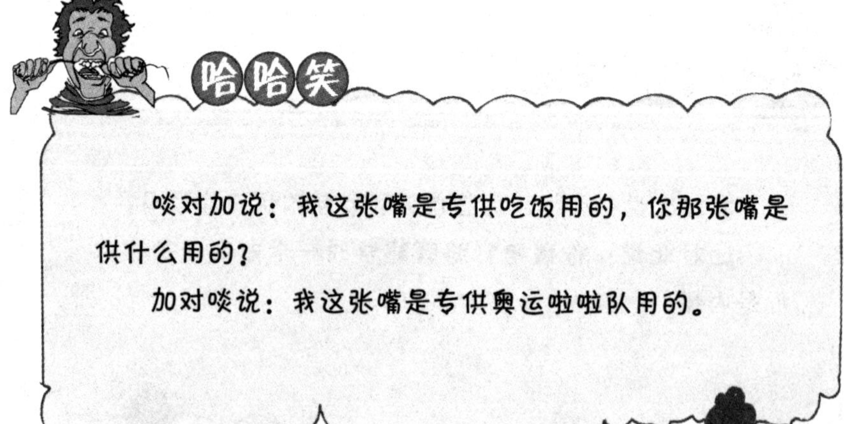

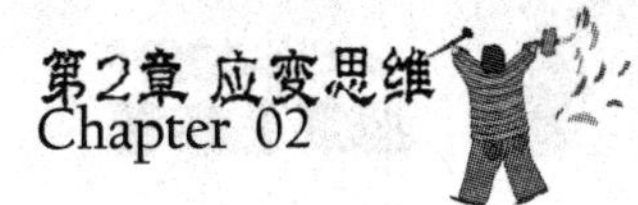

209. 三更半夜， 回家才发现忘记带钥匙，家里又没有其他人在，这时你最大的愿望是什么？

【帮你一把】估计这个愿望不可能实现。

210. 三心二意的人是什么人？

【帮你一把】在“三心二意”上做文章。

211. 什么蛋中看不中吃？

【帮你一把】人人都有这个“蛋”。

212. 有一个人想要过河但水很急，身边有一把梯子和木头，但梯子还差10米，木头只有5米，请问他要怎样才能过河？

【帮你一把】这可不是数学题！

213. 什么地方有时候有水，有时候没水？

【帮你一把】不是河里。

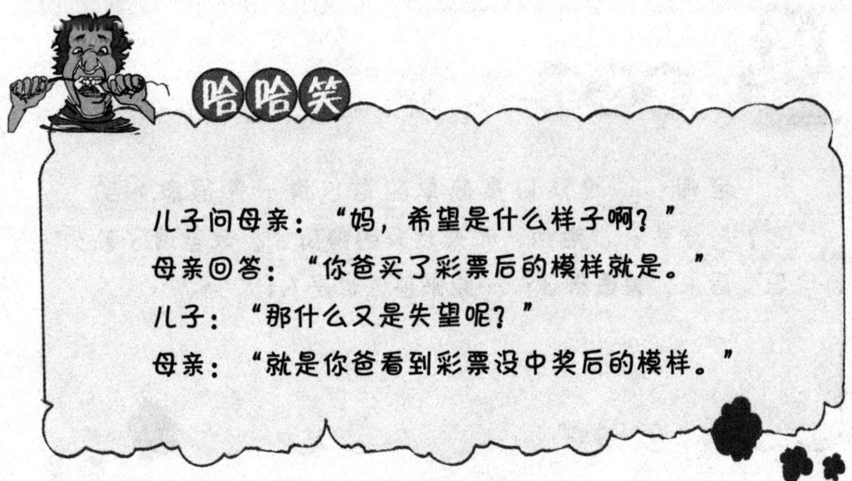

儿子问母亲：“妈，希望是什么样子啊？”

母亲回答：“你爸买了彩票后的模样就是。”

儿子：“那什么又是失望呢？”

母亲：“就是你爸看到彩票没中奖后的模样。”

214.什么东西人用完了很快会回来?

【帮你一把】肯定是一种“可再生资源”。

215.什么动物在天上是4只脚，在地上是2只脚，在水里是3只脚?

【帮你一把】有这种东西吗?

216.医治晕车的最好办法是什么?

【帮你一把】当然是能彻底根除的办法了。

217.什么老鼠跑得最快?

【帮你一把】老鼠最怕什么?

218.什么老鼠用两只脚走路?

【帮你一把】肯定不是残疾老鼠?

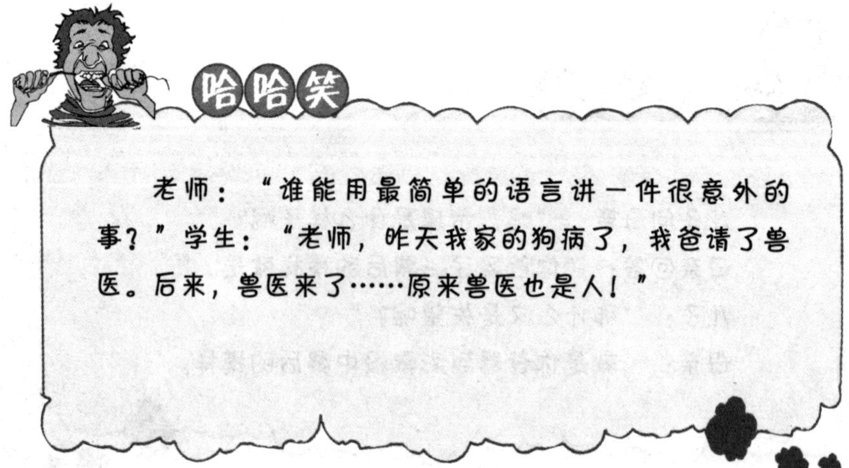

老师：“谁能用最简单的语言讲一件很意外的事?”学生：“老师，昨天我家的狗病了，我爸请了兽医。后来，兽医来了……原来兽医也是人!”

219. 在瑞士境内通行着德语、法语、意大利语、罗马尼亚语等各国的语言。有一次四位中国人到瑞士旅行。A先生会说罗马尼亚语和德语，B先生会说德语和法语，C先生会说法语和意大利语，D先生会说西班牙语和英语。突然有一广告板上写着罗马尼亚语，A先生看完后，用德语告诉B先生；那么A先生能告诉C与D，此广告板上的意思吗？

【帮你一把】万变不离其宗。

220. 英国出生过大人物吗？

【帮你一把】在“出生”上做文章。

221. 什么时候，广场的大钟会响13下？

【帮你一把】这正常吗？

222. 什么样的人死后还可以出现？

【帮你一把】不是鬼哦！

禾对秋说：你找死呀，离火那么近！

秋对禾说：舍不得孩子套不到狼，你那么胆小，几时才能有收获？

邪对阪说：咋整的，耳朵都长反了？

阪对邪说：还说我呢，你的牙和耳朵都长一块儿啦。

223. 世界上哪儿的大象最小?

【帮你一把】不是电视里的。

224. 用什么可以解开所有的谜?

【帮你一把】不要想得太复杂哟!

225. 谁天天去看病?

【帮你一把】未必是病人。

226. 谁知道天上有多少颗星星?

【帮你一把】星星在哪里呢?

227. 怎样才能保证不会打瞌睡?

【帮你一把】打瞌睡后会怎样。

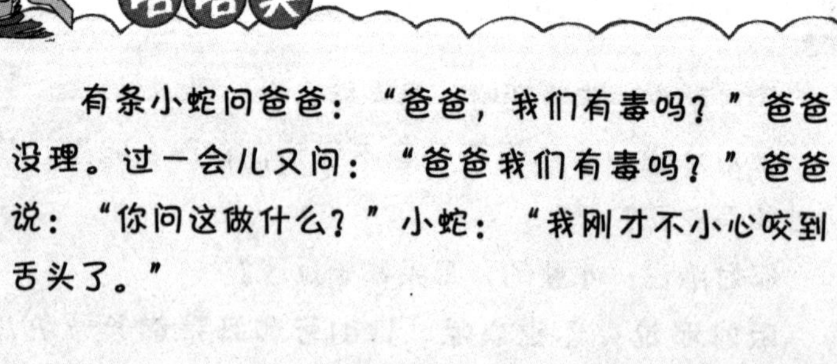

有条小蛇问爸爸:"爸爸,我们有毒吗?"爸爸没理。过一会儿又问:"爸爸我们有毒吗?"爸爸说:"你问这做什么?"小蛇:"我刚才不小心咬到舌头了。"

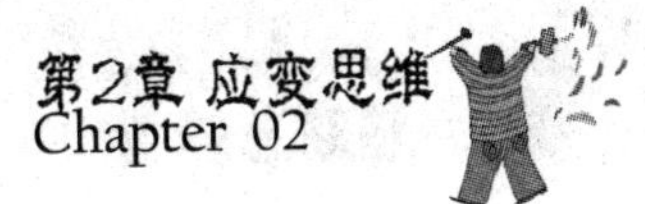

228. 一头牛一年吃三公顷的牧草，现有面积三十公顷的牧场养了五头牛，请问需要多久才能把草全部吃完?

【帮你一把】这可不是数学题啊!

229.泰山是人猿养大的，那么蝙蝠侠又是谁养大的?

【帮你一把】换了谁，答案都一样。

230. 铁放到外面要生锈，那金子呢?

【帮你一把】你喜欢金子吗?

231. 网兜什么时候可以提水?

【帮你一把】水有多少种状态?

232. 一只已经饥饿已久的狼看见一只绵羊，却马上跑了，为什么?

【帮你一把】当然不是逃跑了。

匪说：我筐子里放的是篚子。

匠说：我筐子里放的是斧子。

匹说：我筐子里放的是儿子。

匡说：你们放的都是不值钱的货，我筐子里放的是未来的国王。

233. 为什么白鹭总是缩着一只脚睡觉？

【帮你一把】在“一只”上做文章。

234. 为什么两只老虎打架，非要拼个你死我活绝不罢休？

【帮你一把】没有把你当成动物学家的意思。

235. 为什么拿破仑的字典里没有一个“难”字？

【帮你一把】这是个什么字？

236. 医生问病人：“感冒吗？”病人摇头。“肚子疼？”病人摇头……“神经病？”病人摇头。究竟他是来看什么病的？

【帮你一把】病人到底有什么表现？

237. 为什么青蛙可以跳得比树高？

【帮你一把】这是文字游戏罢了。

两个农家的孩子在聊天，一个突然问：“你家的牛会抽烟吗？”

“你疯啦？牛怎么会抽烟？”

“哦，那么，也许是你家的牛棚着火了。”

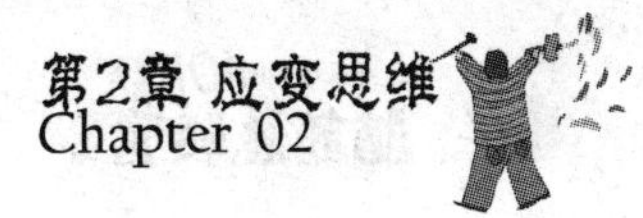

238. 为什么一瓶标明剧毒的药对人却无害?

【帮你一把】怎样才叫“有害”?

239. 少了一本书，猜一成语?

【帮你一把】想想英文，然后在谐音字上做文章。

240. 一年前的元月一日，所有的人都在做着一件非常重要的事，你记得是什么事吗?

【帮你一把】其实哪天都一样。

241. 人到世界上看见的第一个人是谁?

【帮你一把】肯定不是父母了。

242. 农历五月五日是我国的传统节日端午节，是伟大诗人屈原投江的纪念日，那么你知道五月十二日是什么日子吗?

【帮你一把】过了几天了?

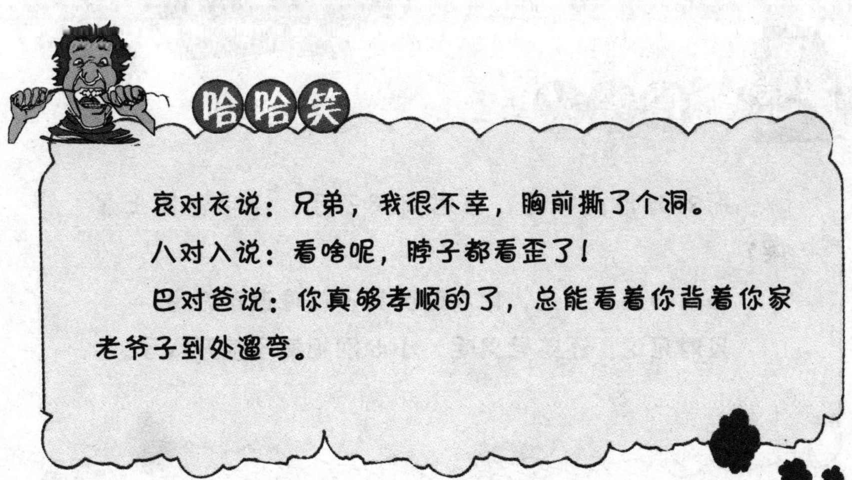

哀对衣说：兄弟，我很不幸，胸前撕了个洞。

八对入说：看啥呢，脖子都看歪了!

巴对爸说：你真够孝顺的了，总能看着你背着你家老爷子到处遛弯。

243. 下雨都怕淋，可是有的雨大家都喜欢淋，为什么？

【帮你一把】不是大自然的雨。

244. 一个人想在一夜里变成百万富翁，他该怎么办？

【帮你一把】夜里可以顺便做什么事？不是偷盗哟！

245. 小王在市区租了一间房子，租约上注明若不慎引起火灾，烧毁了房子，必须赔偿三百万元。小王不但不反对，甚至还主动多填了一个零，为什么？

【帮你一把】俗话说债多了怎样呢？

246. 小红口袋里原有10个铜钱，但它们都掉了，请问小红口袋里还剩下什么？

【帮你一把】从哪儿掉的呢？

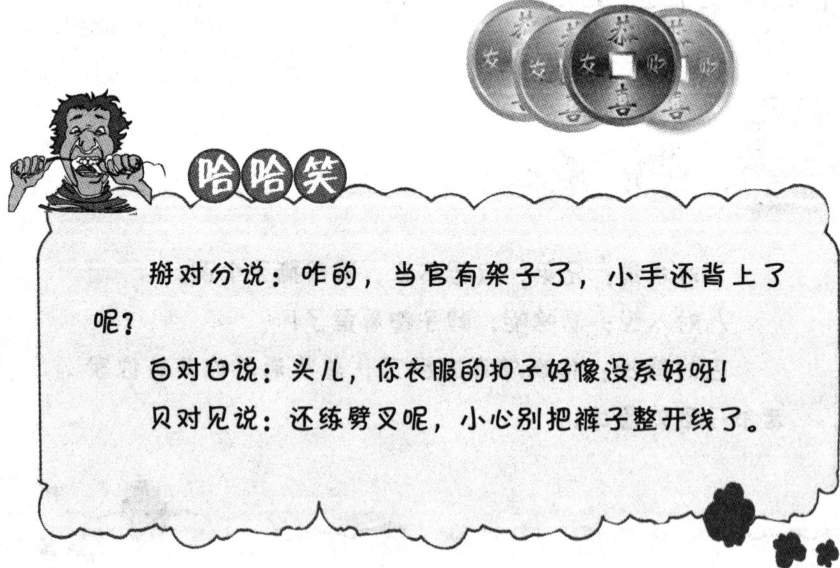

247. 小力说他能在1秒钟之内把房间和房间里的玩具都变没了，这可能吗?

【帮你一把】任何东西都可以这样变没。

248. 一块黑石子与一块白石子同时放入水中，有什么变化?

【帮你一把】放入水中什么都一样。

249. 小可坐在桌前读书，为什么不开台灯?

【帮你一把】读书就非得开灯吗?

250. 小明的母亲有三个儿子，大儿子叫大毛，二儿子叫二毛，三儿子叫什么?

【帮你一把】可不叫三毛啊!

251. 小李说的相声大家都喜欢听，可为什么他有时说话还要付钱?

【帮你一把】你家很可能每月都有这笔费用。

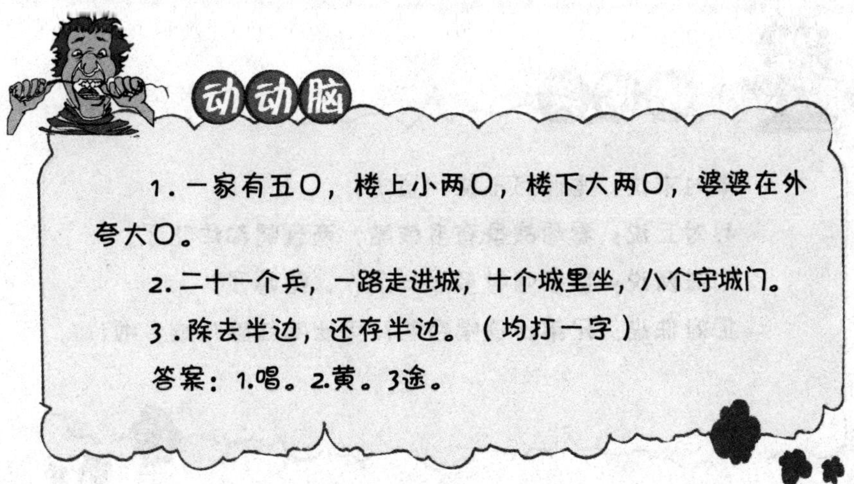

1.一家有五口，楼上小两口，楼下大两口，婆婆在外夸大口。

2.二十一个兵，一路走进城，十个城里坐，八个守城门。

3.除去半边，还存半边。（均打一字）

答案：1.唱。2.黄。3途。

252. 小孙画了好大一个圆，你知道画圆时是从什么地方开始的吗？

【帮你一把】画什么都从一个地方开始。

253. 小明可以让地球停转或倒转，可能吗？

【帮你一把】其实谁都能做到，别想太复杂了。

254. 小刘一百米跑十秒，小李跑十一秒，为什么最后得到金牌的是小李？

【帮你一把】名次是怎么出来的？

255. 什么人的身体有两个头？

【帮你一把】不是妖怪或神仙。

256. 一个即将被枪决的犯人，他的最大愿望是什么？

【帮你一把】从“枪决”上做文章。

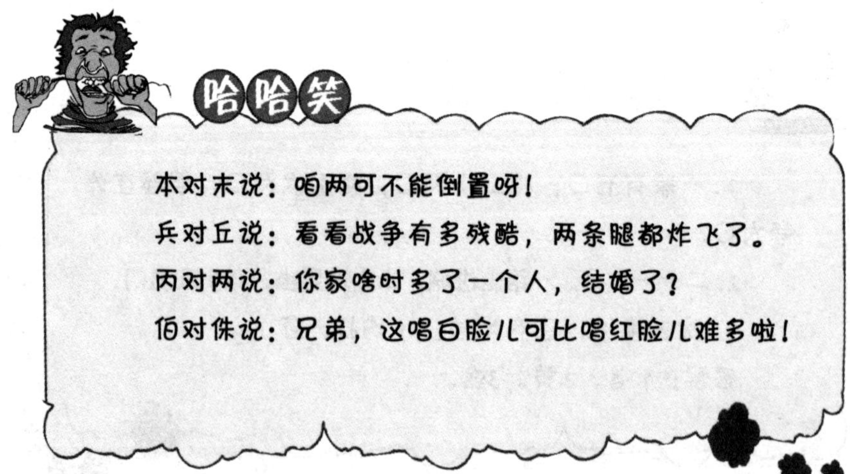

257. 一个人去网吧，碰上一个同学带着两个朋友，各带着四个小孩，其中一个小孩还带着两个朋友，问多少人去网吧？

【帮你一把】这不是数学题。

258. 一个老鼠洞里有五只老鼠，猫进洞吃了一只老鼠，洞里还剩下几只老鼠？

【帮你一把】这些可不是死老鼠哟！

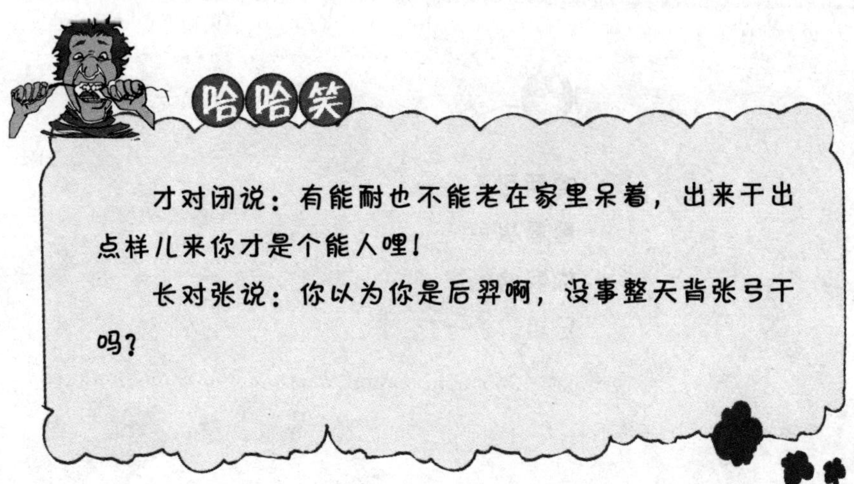

第3章·想·象·思·维·

想象是大脑通过形象化的概括作用，对脑内已有的记忆表象进行加工、改造或重组的思维活动，是人类进行创新及日常活动的重要的思维形式。可以说，正是因为有了想象思维，人类才能翱翔蓝天、登上月球，乃至探索整个宇宙。想象思维能发挥如此重要的作用，用它来解决脑筋急转弯，更不在话下了。当你面对刁钻古怪的题目感到“山重水复”之时，丰富的想象力会指引你到达“柳暗花明”的境界。

259. 上课的时候，同学们都坐着上课，但是小李上每一节课都站着。为什么？

【帮你一把】什么人每一节课都站着呢？

260. 身子里面空空洞洞而却拥有一双手的是什么？

【帮你一把】先摸摸你自己的手吧！

261. 爱巴结人的陈连长特别在师长儿子生日那天准备了一份礼物送给师长的儿子，为什么师长的儿子一脚就把礼物给踢开了呢？

【帮你一把】踢开未必代表不要。

262. 有辆载满货物的货车，一人在前面推，一人在后面拉，货车还可能向前进吗？

【帮你一把】路可不都是平的。

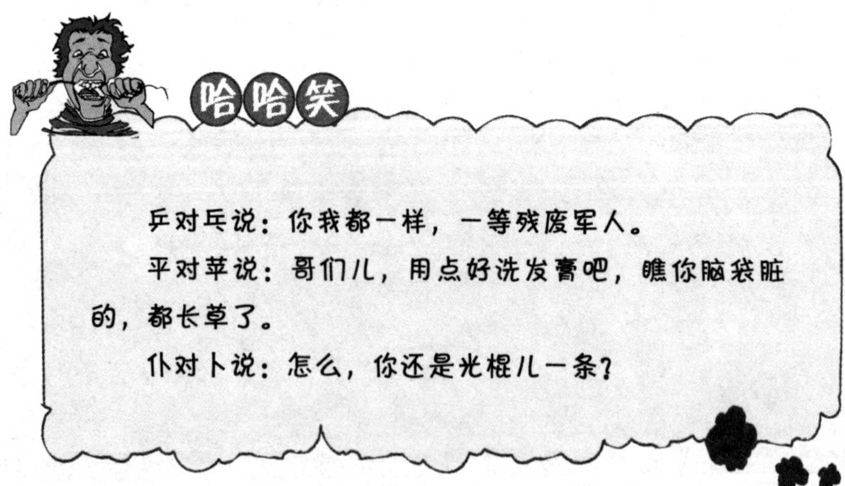

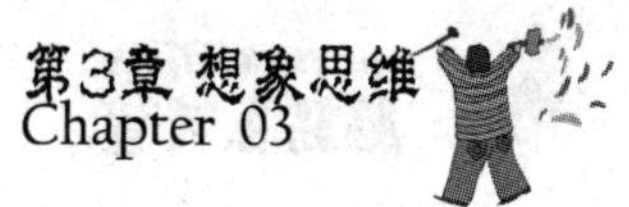

263. 什么报只印一份?

【帮你一把】上面的字数多数时候很少。

264. 什么车可以不受交通规则限制而横冲直撞?

【帮你一把】肯定不是大街上开的车。

265. 把冰变成水最快的方法是什么?

【帮你一把】这是个文字游戏。

266. 有两个小女孩长得一模一样，生日也完全一样，问她们是姐妹吗，她们说是；问她们是双胞胎吗，她们又说不是，请问为什么?

【帮你一把】不是独生子女，又不是双胞胎，那会是什么呢?

267. 什么东西打碎后自然会恢复?

【帮你一把】想想大自然的美景。

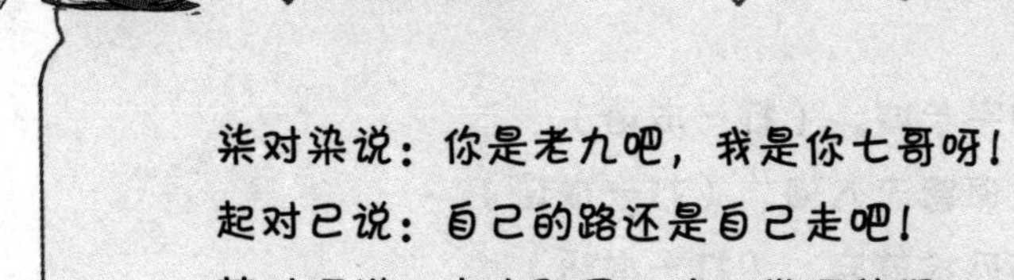

柒对染说：你是老九吧，我是你七哥呀!

起对己说：自己的路还是自己走吧!

茜对晒说：出太阳了，咋不带顶草帽?

268.什么东西放在火中不会燃，放在水中不会沉？

【帮你一把】“放在火中不会燃”，自然和水有关。

269.什么东西见者有份？

【帮你一把】你眼前的什么东西，对人最公平？

270.有个中学生想跳过两米宽的一条河，试了几次都失败了。可是后来，他什么工具也没用就达到了目的，他用的是什么好办法？

【帮你一把】在“后来”上做文章。

271.什么东西将一间屋子装满后，人还能活动自如？

【帮你一把】每间屋子里都有这些东西。

272.什么东西明明是你的，别人却用的比你多得多？

【帮你一把】想想你的同学、朋友……

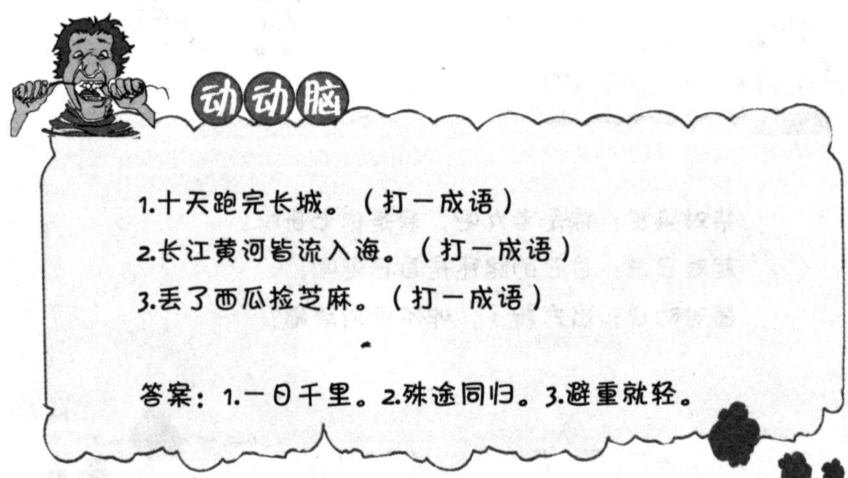

273. 什么东西你有，别人也有，虽然是身外之物，却不能交换?

【帮你一把】是你与他人区别的标志。

274. 有两个容貌非常相似的男孩，经询问，知道他们是同一对父母所生，出生地点和年份也相同，但他们却不是双胞胎，也不是三胞胎、四胞胎、五胞胎……请问，这两个小男孩究竟是什么关系?

【帮你一把】只是不在同一天出生而已。

275. 什么东西能逛遍世界?

【帮你一把】想想自然界的万物。

276. 什么东西天上有，人间也有?

【帮你一把】仰望天空，寻找答案。

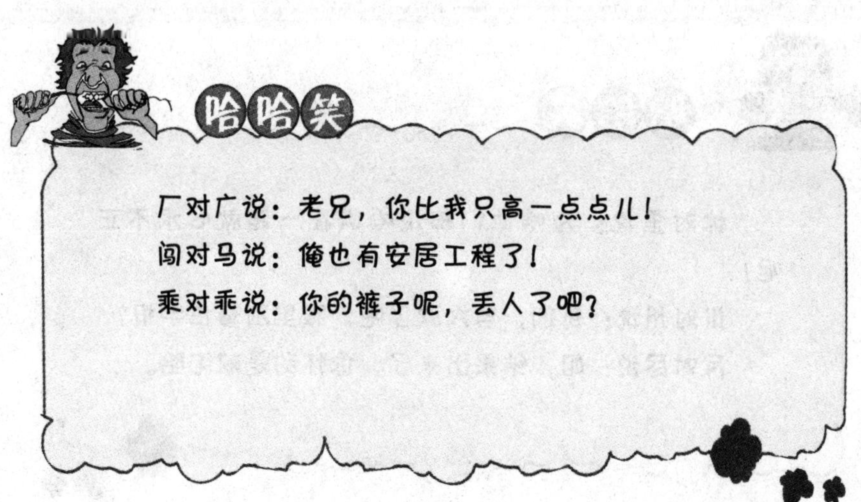

277. 什么东西晚上才生出尾巴呢？

【帮你一把】晚上你会在天空中看到什么？

278. 有个人生于公元前10年，死于公元10年，死的那天正好是生日的前一天，此人到底活了几年？

【帮你一把】不是20年。

279. 什么东西像大象一样但毫无重量？

【帮你一把】它天天伴随着大象。

280. 什么东西越擦越小？

【帮你一把】想想你家里的东西。

281. 什么东西越洗越脏？

【帮你一把】你用什么洗脏东西？

怵对歪说：为啥他们都说咱俩在一起就心术不正呢？

川对州说：哥们，当大款了吧，腰里别着仨手机？

尺对尽说：姐，结果出来了，你怀的是双胞胎。

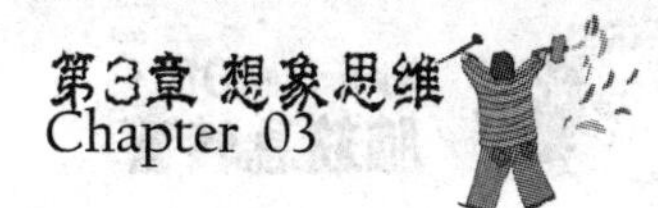

282. 有个男人站在时速240公里的列车顶上，虽然他不是一个会飞墙走壁的超人，但是，他仍然显得从容自如，毫不紧张，为什么？

【帮你一把】其实任何人都能做到。

283. 什么东西载得动一百捆干草却托不起一粒沙子，日夜奔跑却离不开自己的卧床？

【帮你一把】想想大自然的万物。

284. 什么东西在倒立之后会增加一半？

【帮你一把】是个数字。

285. 什么东西只能加，不能减？

【帮你一把】这东西对每个人都很公平。

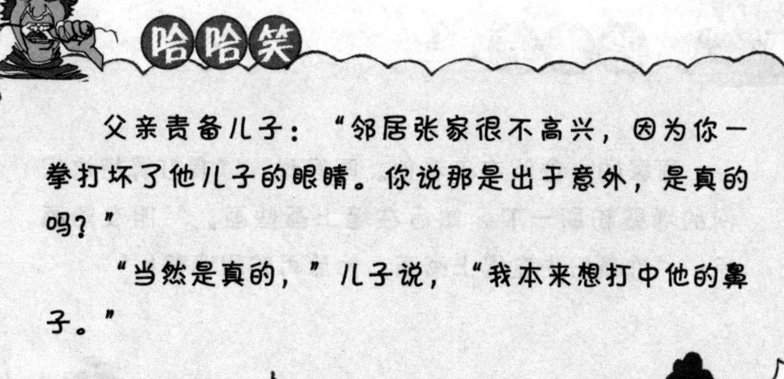

父亲责备儿子："邻居张家很不高兴，因为你一拳打坏了他儿子的眼睛。你说那是出于意外，是真的吗？"

"当然是真的，"儿子说，"我本来想打中他的鼻子。"

286. 有个人饿得要死，而冰箱里有鸡肉、鱼肉、猪肉等罐头，他先打开什么？

【帮你一把】怎么才能拿到这些东西呢？

287. 什么东西只有一只脚却能跑遍屋子的所有角落？

【帮你一把】想想你家里的劳动工具。

288. 什么东西制造期和有效期是同一天？

【帮你一把】是第二天就过期的东西。

289. 什么东西装玻璃，爱把鼻子当马骑？

【帮你一把】你眼前或许就有这个东西。

290. 一条河的平均深度是1米，一个小孩身高1.4米，他虽然不会游泳，但肯定不会在这条河里淹死。你说对吗？

【帮你一把】在“平均深度”上做文章。

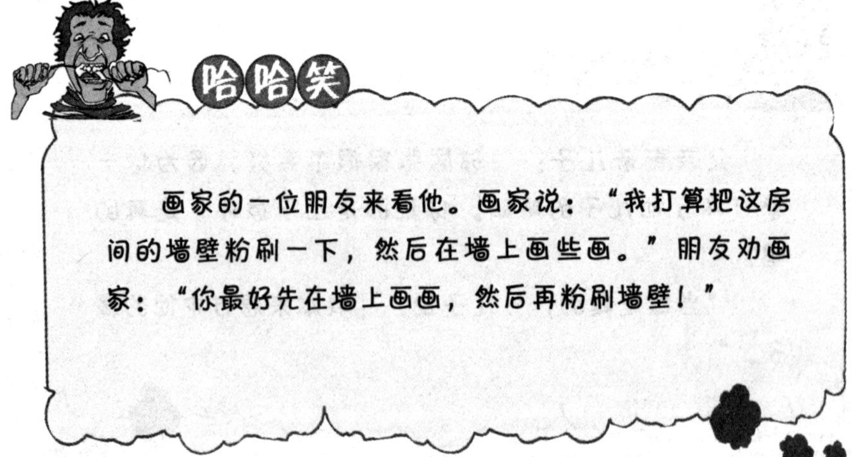

画家的一位朋友来看他。画家说：“我打算把这房间的墙壁粉刷一下，然后在墙上画些画。”朋友劝画家：“你最好先在墙上画画，然后再粉刷墙壁！”

291.什么动物坐也是坐，站也是坐，走也是坐？

【帮你一把】一种常见的益虫。

292.什么飞机常常没有明确的目的地？

【帮你一把】只是一种玩具罢了。

293.什么黑家伙是由光造成的？

【帮你一把】它时刻伴随着你。

294.一张桌子有四个角，砍去一个角，还剩几个角？

【帮你一把】“砍去”未必代表减少。

295.什么门永远关不上？

【帮你一把】学校操场上或许就有这种门。

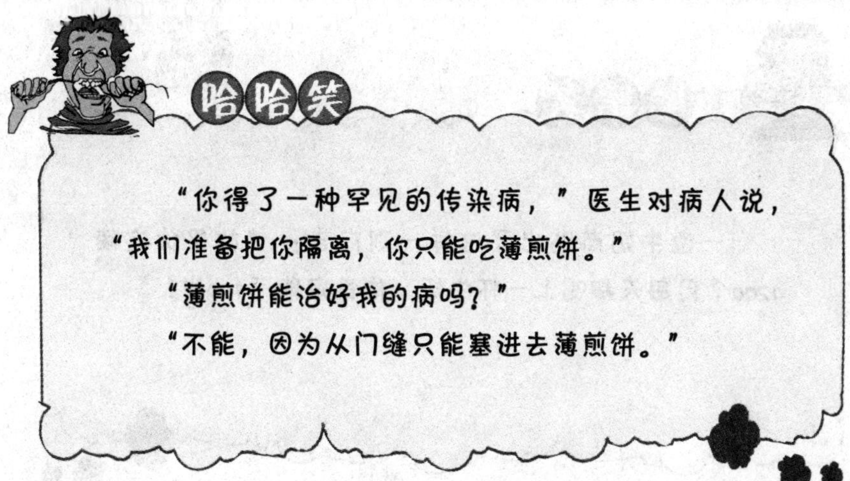

“你得了一种罕见的传染病，”医生对病人说，“我们准备把你隔离，你只能吃薄煎饼。”

“薄煎饼能治好我的病吗？”

“不能，因为从门缝只能塞进去薄煎饼。”

296. 什么枪把人打跑却不伤人？

【帮你一把】不全是玩具枪。

297. 什么情况下人会有四只眼睛？

【帮你一把】别想太复杂了哟！只是简单的加减法。

298. 一只蚊子顺时针绕着一个新买的而且是没有任何质量问题的高效捕蚊灯打转，但一直不会被吸进去，为什么呢？

【帮你一把】什么情况下才会被吸进去？

299. 什么人可以饭来张口，衣来伸手？

【帮你一把】你也有过这种幸福日子。

300. 有十只羊，九只蹲在羊圈，一只蹲在猪圈，猜一成语。

【帮你一把】多念几遍，想想谐音字，答案自明。

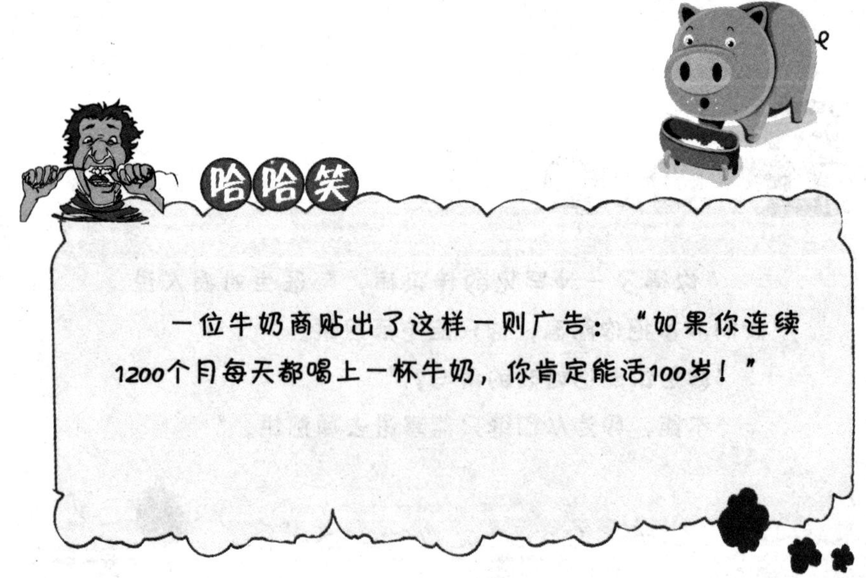

一位牛奶商贴出了这样一则广告：“如果你连续1200个月每天都喝上一杯牛奶，你肯定能活100岁！”

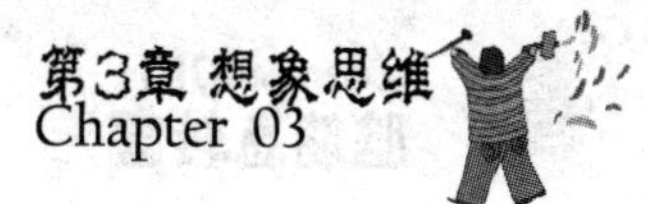

301.什么时候一加五等于十?

【帮你一把】这是一种古老的计算机。

302.一天慢24小时的表是什么样的表?

【帮你一把】同样也快24小时。

303.什么事情，只能用一只手去做?

【帮你一把】另一只手肯定被占用了。

304.什么鞋子，你绝不会穿着它去逛街?

【帮你一把】不是假鞋、破鞋。

305.什么样的汽车可以随便撞人?

【帮你一把】当然不是大街上开的那种汽车。

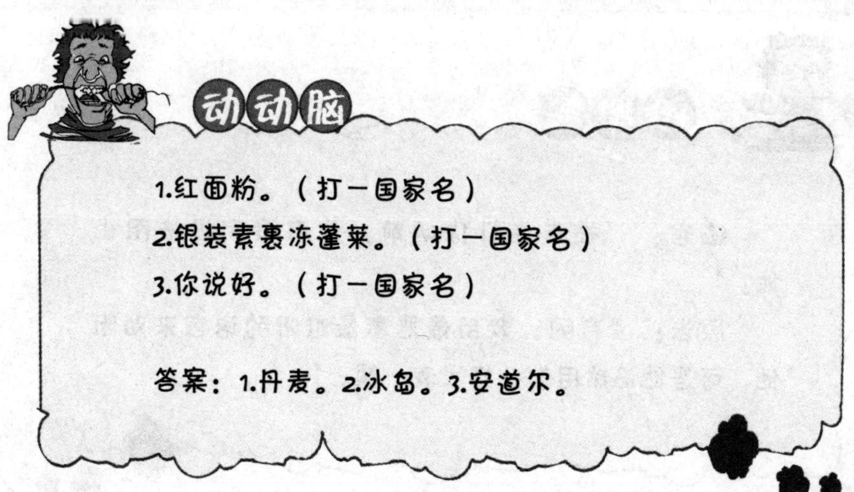

动动脑

1.红面粉。（打一国家名）

2.银装素裹冻蓬莱。（打一国家名）

3.你说好。（打一国家名）

答案：1.丹麦。2.冰岛。3.安道尔。

306.一艘五十万吨的油轮沉没了，最先浮出水面的是什么？

【帮你一把】不是油。

307.什么照片看不出照的是谁？

【帮你一把】你去过医院吗？

308.世界上的人身体哪一部分的颜色完全相同？

【帮你一把】注意，是“完全相同”。

309.世界上什么东西以近2000公里每小时的速度载着人奔驰，而不必加油或其他燃料？

【帮你一把】知道“坐地日行八万里，巡天遥看一千河”这句诗吗？

310.一年里，有些月份像1月份有31日，也有些月份像6月份有30日，请问，有28日的总共有哪几个月份呢？

【帮你一把】不是一个月哟！

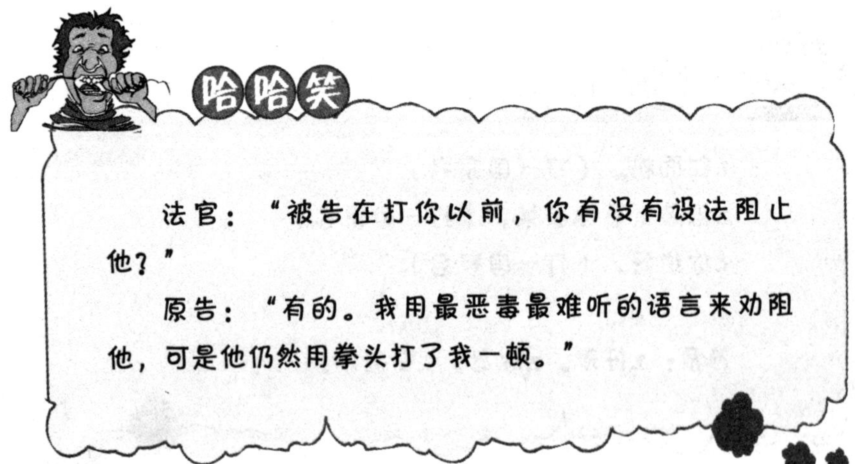

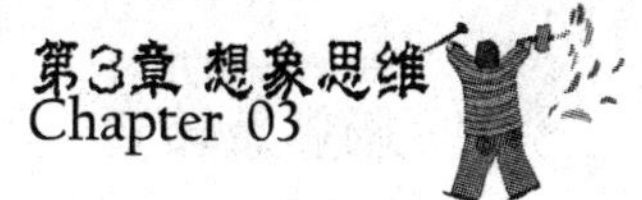

311. 世界上有哪一种花通常夏天是冰冷的，冬天是温热的?

【帮你一把】是一种食品。

312. 市里新开张了一家医院，设备先进，服务周到。但令人奇怪的是，这里竟一位病人都不收，这是为啥?

【帮你一把】医院都是给人治病的吗?

313. 树上有100只鸟，用什么方法才能一下子就把它们全部抓住?

【帮你一把】不能随便捕杀鸟类啊!

314. 一列火车由北京到石家庄全程需要4个小时才可到达，如今行驶了3个小时，火车现在应该在什么地方?

【帮你一把】到目的地了吗?

哈哈笑

邮递员因为要划船才能把一张生日卡送交灯塔管理人，心里很是不高兴。

“如果你再嘀嘀咕咕，”灯塔管理人说，“我就要订阅日报了。”

315.数字0到1之间加一个什么号，才能使这个数比0大，而比1小呢?

【帮你一把】介于零和整数之间的数，是什么数呢?

316.谁的脚常年走路不穿鞋?

【帮你一把】不能用个别现象代表整体。

317.谁经常从十米高的地方不带任何安全装置跳下?

【帮你一把】肯定不是自杀者。

318.一间屋子里到处都在漏雨，可是谁也没被淋湿，为什么?

【帮你一把】这房子还有法儿待吗?

319.谁经常买鞋自己不穿却给别人穿?

【帮你一把】经常买，肯定有比一般人多许多的鞋子。

1.一个姑娘，一个老汉，俩人一起，给哥做伴。

2.一上一下，一正一反，上正下反，下正上反。

3.一点一横长，一撇到南洋，城内有个人，只有一寸长。（均打一字）

答案：1.嫂。2.亚。3.府。

320. 谁总是脱掉干衣换上湿衣?

【帮你一把】不是只有人才会“脱衣服”。

321. 司机李强坐上驾驶座开动汽车之前，做的第一件事是什么?

【帮你一把】这是一个安全常识。

322. 一架飞机在天空飞翔时突然没油了，请问：什么东西会最先掉下来?

【帮你一把】不是飞机本身。

323. 一个人竟然可以向后走而向前进，这是怎么一回事呢?

【帮你一把】“向前进”是外力所为。

324. 太太吃完饭后向先生要火柴，先生殷勤地掏出名牌打火机，却被太太瞪了一眼，为什么?

【帮你一把】他的太太不吸烟。

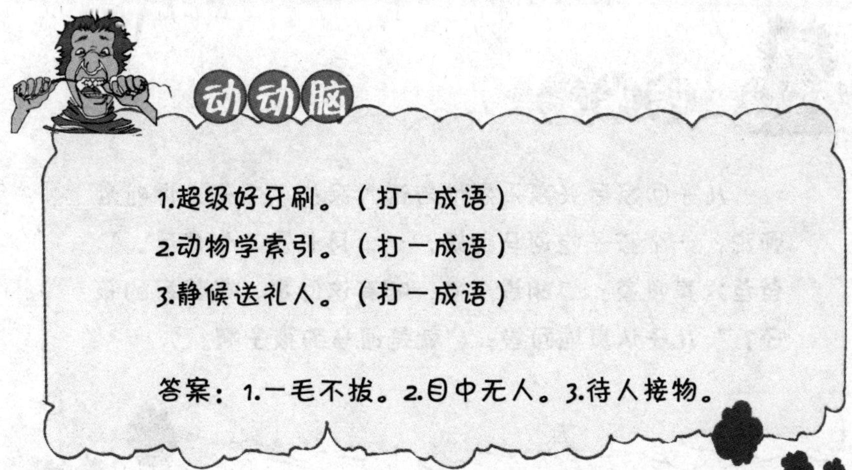

1.超级好牙刷。（打一成语）

2.动物学索引。（打一成语）

3.静候送礼人。（打一成语）

答案：1.一毛不拔。2.目中无人。3.待人接物。

325. 堂堂的大学图书馆，却没有明版的《康熙字典》，这是为什么？

【帮你一把】知道“关公战秦琼”是什么意思吗？

326. 一个盒子最少有几个面？

【帮你一把】任何一个盒子的答案都一样。

327. 天气愈来愈冷，为什么小华不多加件衣服，反而要脱衣服？

【帮你一把】什么时候你必须要脱衣服？

328. 王大婶有三个儿子，这三个儿子又各有一个姐姐和妹妹，请问王大婶共有几个孩子？

【帮你一把】伸出手指比划一下就知道了。

329. 你知道最大的捐血中心由谁负责吗？

【帮你一把】不是人。

儿子回家后兴高采烈地告诉大家：“今天上课时老师说，一个孩子吃河马的奶，一个月长了二十多斤。”爸爸大声吼道：“胡说八道，哪有这回事，是谁家的孩子？”儿子认真地回答：“就是河马的孩子啊。”

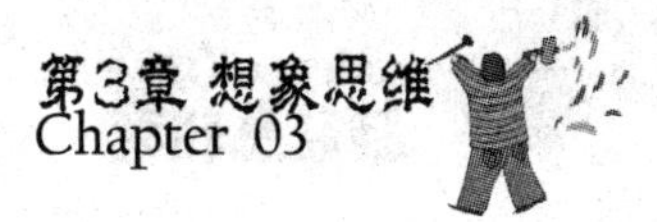

330. 将一个西瓜4刀切成9块，怎样切法?

【帮你一把】如果没有刀与刀的交叉，当然切不出来了。

331. 王芬和李丽是同班最要好的同学，她们约好去医院探望老师，王芬买了5束花，李丽买了4束花，进病房后她俩将花合在一起送给了老师，你知道她们的老师一共收到了几束花?

【帮你一把】这不是数学题哟!

332. 王先生养了一只很漂亮的孔雀，有一天，王先生的孔雀在张先生的花园里生了一只蛋，请问这只蛋应属于谁?

【帮你一把】可不是王先生的啊!

333. 王小明要跳水了! 可是为什么围观的群众愈来愈多，却没有人想救他?

【帮你一把】注意，没人见死不救。

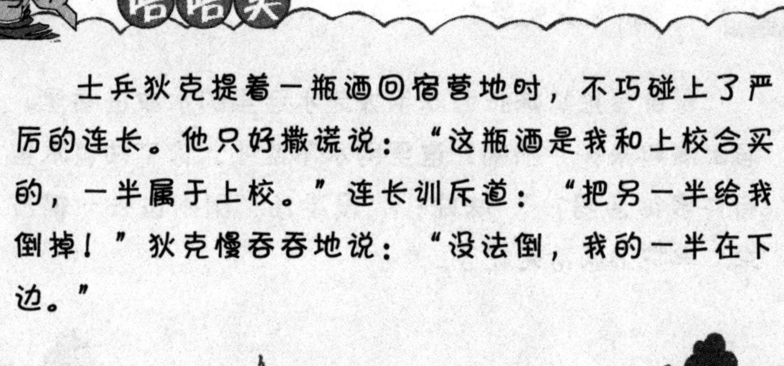

士兵狄克提着一瓶酒回宿营地时，不巧碰上了严厉的连长。他只好撒谎说："这瓶酒是我和上校合买的，一半属于上校。"连长训斥道："把另一半给我倒掉!"狄克慢吞吞地说："没法倒，我的一半在下边。"

334. 一个学生住在学校里，为什么上学还经常迟到？

【帮你一把】他是以校为家吗？

335. 为什么阿福总要等老师动手才去听老师的话？

【帮你一把】老师可没打他啊！

336. 为什么兰兰总喜欢旧东西？

【帮你一把】不是简单的“喜新厌旧”哟！

337. 为什么老王家的马能吃掉老张家的象？

【帮你一把】“动物世界”里不会有这样的事情。

338. 一个手无寸铁的人钻进了狮子笼里，为什么太平无事？

【帮你一把】在“狮子笼”上做文章。

哥哥看见妹妹正用双手捧起水洼里的水放进嘴里，马上喊起来：“别喝！这里的水不能喝。你不知道水里有许多细菌吗？”妹妹：“没事儿，刚刚过去一辆汽车，早把细菌给轧死了。”

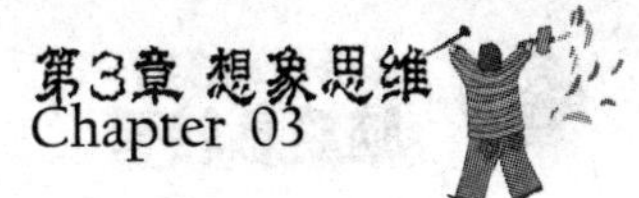

339. 为什么妈妈几个月都不给孩子吃饭可孩子仍然长得很好?

【帮你一把】所有孩子都“吃饭”吗?

340. 小明到小华家坐车要花一小时，小华到小明家却要两个半小时，为什么?

【帮你一把】这只是一个文字游戏罢了，注意断句。

341. 为什么张华每天上班都要坐飞机?

【帮你一把】他可不用买机票。

342. 一个盛满咖啡的杯子，里面放一枚硬币却没有湿，为什么?

【帮你一把】什么情况下才会湿呢?

343. 文文在洗衣服，但洗了半天，她的衣服还是脏的，为什么?

【帮你一把】在“她的衣服”上做文章。

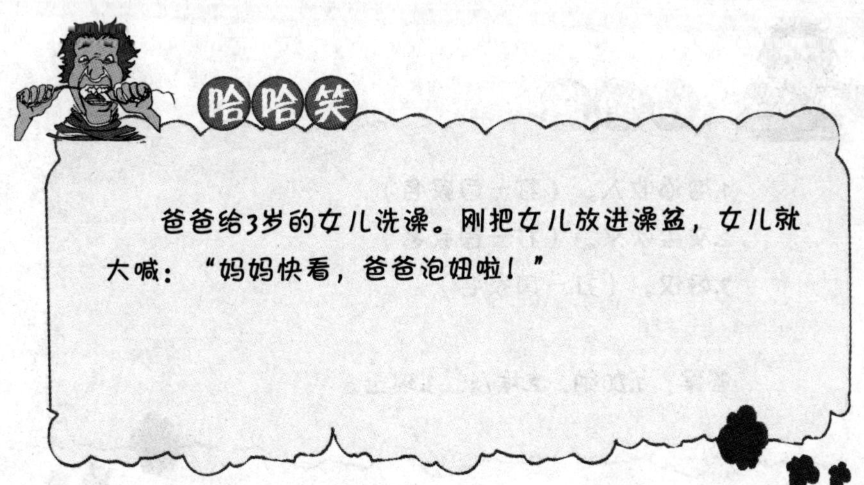

哈哈笑

爸爸给3岁的女儿洗澡。刚把女儿放进澡盆，女儿就大喊：“妈妈快看，爸爸泡妞啦！”

344. 我不会轻功，一只脚踩在鸡蛋上，鸡蛋却不会破，这是为什么？

【帮你一把】不是两只脚哟！

345. 下雪天，阿文开了暖气，关上门窗，为什么还感到很冷？

【帮你一把】他在哪儿呢？

346. 有一个人一年才上一天班又不怕被解雇，他是谁？

【帮你一把】是一位老者。

347. 小宝在外面吃饭为什么不用付钱或刷卡？

【帮你一把】你没“白吃”过吗？

348. 小波比的一举一动都离不开绳子，为什么？

【帮你一把】你爱看少儿频道吗？里面经常有“小波比”的画面。

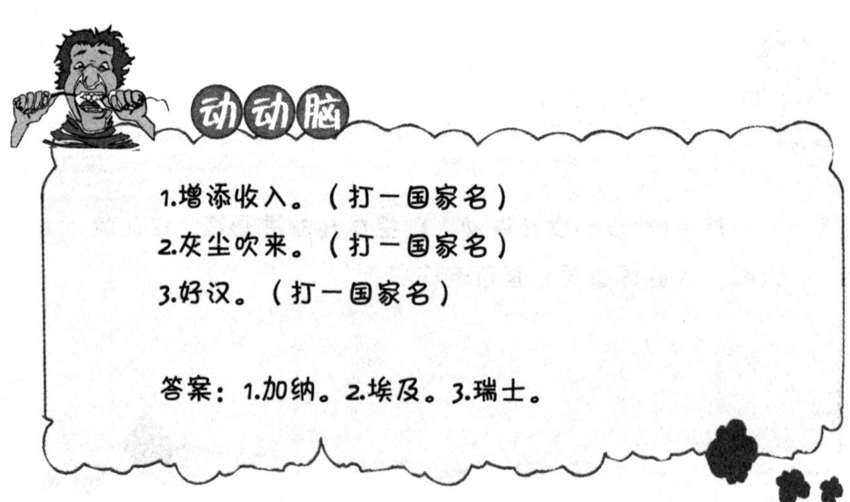

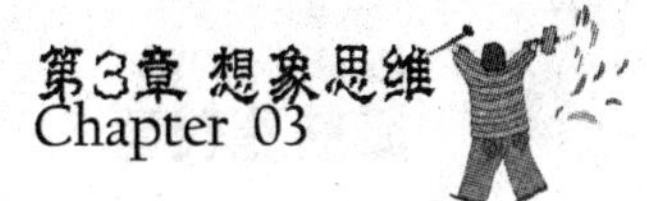

349.小戴是位科学家，历尽千辛万苦终于来到一个地方，他面北而立，向左转了90度，却还是向北，再转90度依然面北，又转90度还是面北，你知道这是什么原因吗?

【帮你一把】想象一下地球仪，上面有一个点符合条件。

350.一个人午后在太阳下走，却看不见自己的影子。为什么?

【帮你一把】什么情况下才有影子?

351.小方读了十四年书，为什么还在一年级班上?

【帮你一把】肯定不是小学一年级。

352.小芬对小芳说："后天的大前天的后天，也就是昨天的昨天的大后天是我的生日，请来参加我的生日会。"小芳应该什么时候赴约呢?

【帮你一把】伸出一个手指头代表今天，比划一下就知道了。

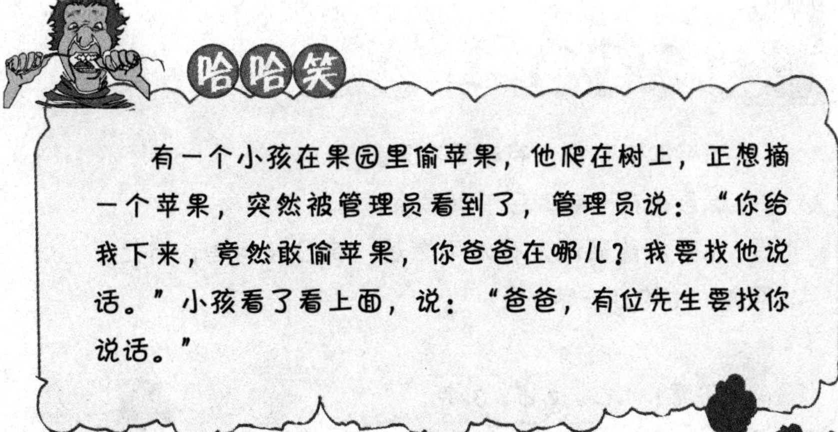

有一个小孩在果园里偷苹果，他爬在树上，正想摘一个苹果，突然被管理员看到了，管理员说："你给我下来，竟然敢偷苹果，你爸爸在哪儿？我要找他说话。"小孩看了看上面，说："爸爸，有位先生要找你说话。"

353.小雯和妈妈去买熟鸡蛋，为什么卖鸡蛋的人不卖给她?

【帮你一把】他们要买的是什么?

354.一个人掉到河里，还挣扎了几下，他从河里爬上来，衣服全湿了，头发却没湿，为什么?

【帮你一把】摸摸你的头，就知道答案了。或许你就是“聪明绝顶”。

355.小张明天考试，他已经把英语背得滚瓜烂熟，可第二天考试还是不及格，为什么?

【帮你一把】第二天考的是什么?

356.小杰在教室外捡到一只皮夹，他为什么不交到老师那里?

【帮你一把】他可不是想占便宜。

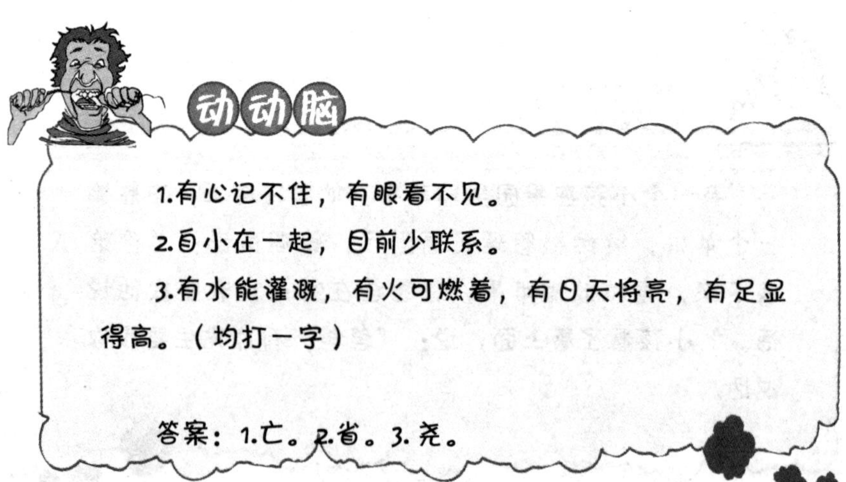

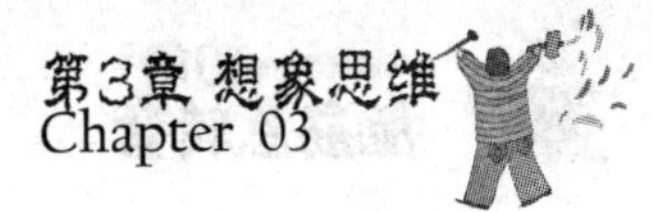

357.小军、小明是邻居，同楼同班又是同桌，天天一起去上学。可是，一个出门往左拐，一个出门往右拐，为什么?

【帮你一把】想想你家的左邻右舍就明白了。

358.一个人掉进游泳池里，他的脚却没有湿，为什么?

【帮你一把】其实哪儿都没有湿。

359.小李乘电梯上14楼，中间没有停，用了60秒钟，下楼时中间也没有停，却用了5分钟，这是怎么回事?

【帮你一把】这不是数学题哟!

360.小李说“我前面的人是小王”，小王说“我前面的人是小李”，怎么回事?

【帮你一把】放眼四周，答案自明。

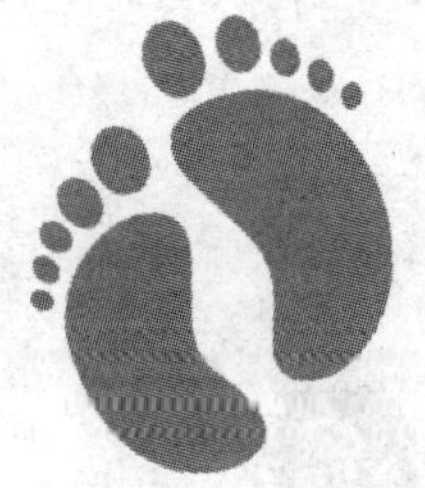

某局张局长突然接到一封加急电报。电文是：母亲病危，父亲去世，望速归。阅毕，张局长痛不欲生，边哭边在电报回单上签字。邮递员接过来一看，竟是“同意”。

361. 小李有一次出差去办事，提早回来，看见隔壁的小楼同自己的妻子睡在床上，小李为什么不生气？

【帮你一把】什么情况下会生气呢？

362. 一个人从一个50米高的大厦上跳楼自杀，重重地摔在了地上，为什么没被摔死？

【帮你一把】他未必摔了50米的高度吧！

363. 小立在街上走，前面有个人掉了一块肉和一个钱包，小立为什么捡肉不捡钱包，钱包里有很多钱？

【帮你一把】钱对小立来说有用吗？

364. 世界上什么篮是漏的，但却是有用的？

【帮你一把】你喜欢体育吗？

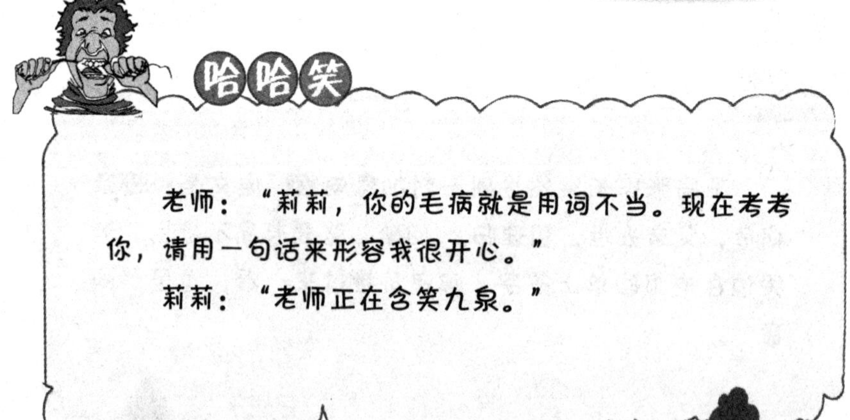

老师："莉莉，你的毛病就是用词不当。现在考考你，请用一句话来形容我很开心。"

莉莉："老师正在含笑九泉。"

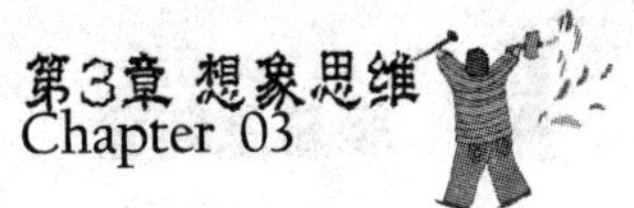

365.小刘是个很好的电工师傅，可他今天修好的灯却不亮，为什么？

【帮你一把】电灯在什么前提下会亮呢？

366.一个聋哑人到五金商店买钉子，他把左手的食中两指伸开做成夹着钉子的样子，然后伸出右手作锤子状，服务员给他拿出锤子，他摇了摇头，给他拿来钉子，他满意地买了。接着来了一个盲人，请问，他怎样才能买到剪子？

【帮你一把】盲人和聋哑人有什么区别？

367.小毛喜欢运动，有一天他在摄氏38高温大太阳下做很激烈的运动，为什么居然不会流汗？

【帮你一把】肯定不是在地面上运动。

368.小明吃麻辣面，加了胡椒又加辣椒，你猜他还会加什么东西？

【帮你一把】你吃了这些东西，会怎样呢？

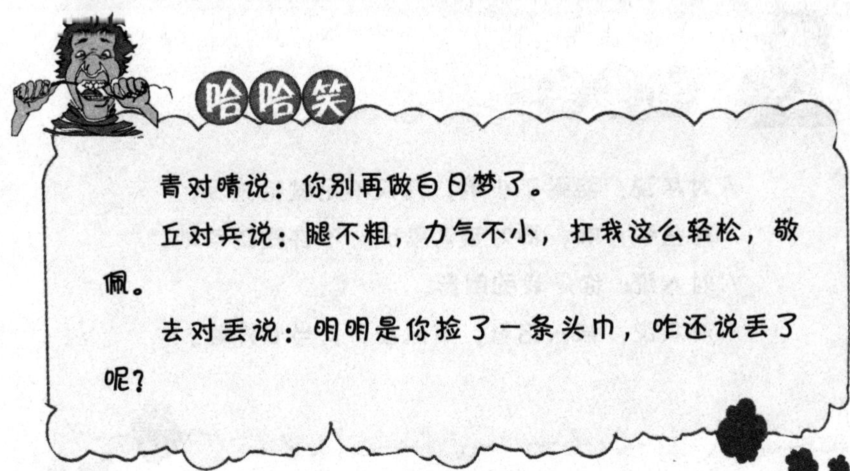

369. 什么铃敲起来最难？

【帮你一把】这种铃敲不响。

370. 一个人从飞机上掉下来，为什么没摔死呢？

【帮你一把】可不是降落伞的功劳啊！

371. 小李带100元去买一件75元的东西，但老板却只找了5块钱给他，为什么？

【帮你一把】带100元，给出的也是100元吗？

372. 小刘到动物园玩，看到一只大黑熊，很调皮地打了它，但那只大黑熊一点也不生气。为什么？

【帮你一把】谁都敢打的。

373. 小燕发现房间遭窃，却一点也不紧张，为何？

【帮你一把】知道“事不关己，高高挂起”这句话吗？

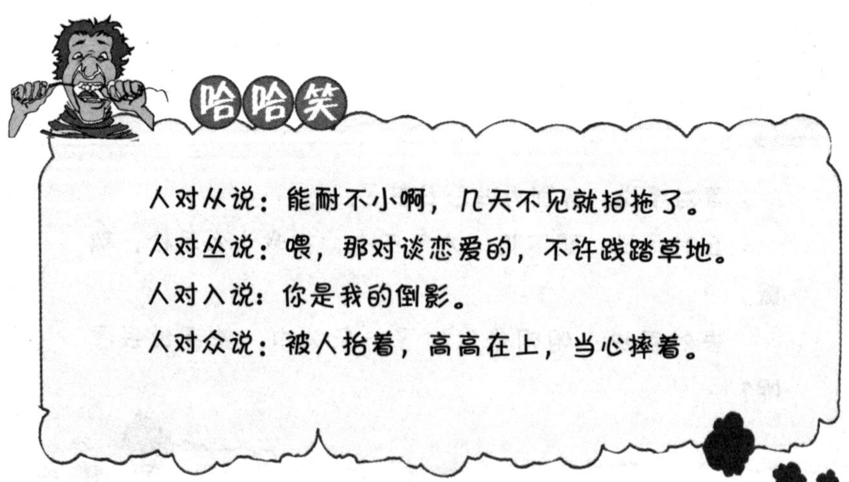

人对从说：能耐不小啊，几天不见就拍拖了。

人对丛说：喂，那对谈恋爱的，不许践踏草地。

人对入说：你是我的倒影。

人对众说：被人抬着，高高在上，当心摔着。

374.一个口齿伶俐的人，为什么只看着你微笑怎么也讲不出话来?

【帮你一把】肯定不是哑巴了!

375.小刚家住在五楼，可是电梯坏了，他自己也没有走楼梯，他却上了五楼回到家里，这可能吗?

【帮你一把】你小时候或许有过这样的待遇。

376.小文看书的时候，为什么不能把书签放在175页和176页之间?

【帮你一把】书的页码是怎么编排的?

377.小华买了一兜水果，回到家了却两手空空，他保证没有偷吃，也没有弄丢，那是什么原因呢?

【帮你一把】你买的东西都是给自己的吗?

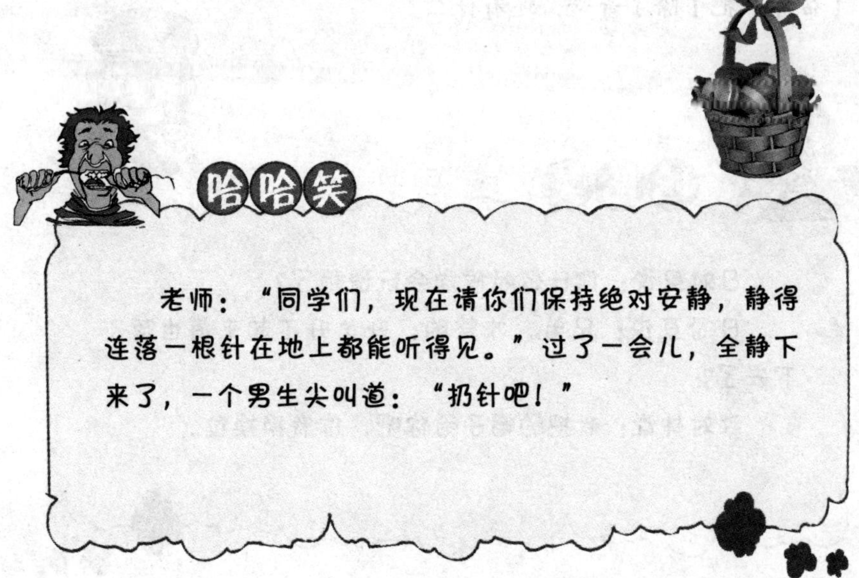

老师：“同学们，现在请你们保持绝对安静，静得连落一根针在地上都能听得见。”过了一会儿，全静下来了，一个男生尖叫道：“扔针吧!”

378. 一个卡车司机撞倒一个骑摩托车的人，卡车司机受重伤，骑摩托车的人却没事，为什么？

【帮你一把】注意，是“卡车司机撞倒……”

379. 小王为何能用一只手让车子停下来？

【帮你一把】你在大街上也应该有过类似经历。

380. 小李一家人在客厅里，明明听到有人喊：“救命啊，失火了！”为什么他们一家人动也不动？

【帮你一把】肯定不是真失火了。

381. 小明知道试卷的答案，为什么还频频看同学的？

【帮你一把】他是在考试吗？

382. 一个警察有个弟弟，但弟弟却否认有个哥哥，为什么？

【帮你一把】除了哥哥，还有什么？

日对旦说：你什么时候学会玩滑板了？

日对亘说：兄弟，咋整的，升也升不起来落也落不下去了？

森对林说：我把的帽子给你吧，你我换换位。

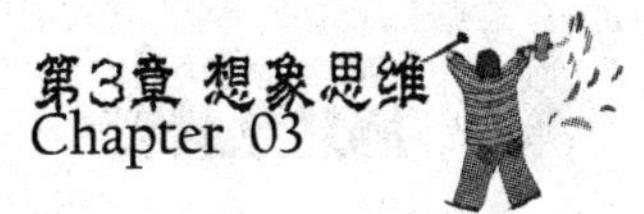

383. 小平平时嘴闭不住，为什么现在一声不吭?

【帮你一把】人人每天都有这样的时候。

384. 小秦买了一辆全新的跑车，却不能开上马路，这是为什么?

【帮你一把】先确定这车能否开上马路。

385. 小王开着空计程车出门，为什么一路上都没有人向他招手打车?

【帮你一把】你什么时候不能招手打车?

386. 一对健康夫妇，为什么生出只有一只右眼的婴儿?

【帮你一把】这只是个文字游戏罢了。

387. 这封信是两颗蛋做的，打一四字成语。

【帮你一把】多念几遍，想想同音字，答案自明。

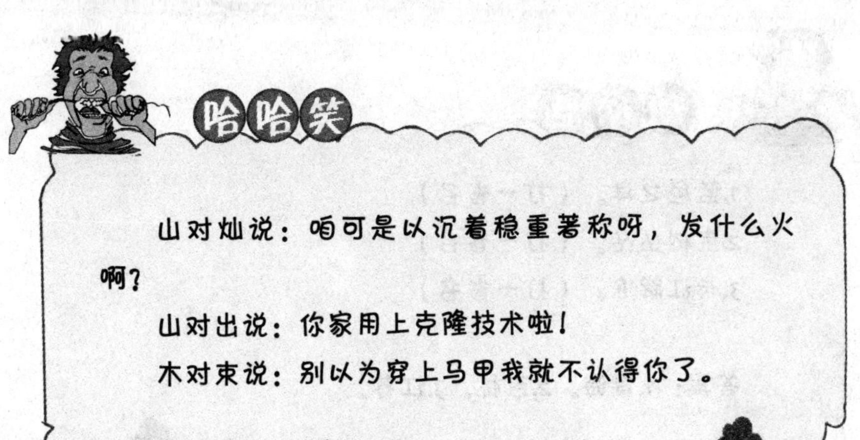

388.某人是公认的神射手，为什么开枪却老是打不中目标?

【帮你一把】神射手就一定是神枪手吗?

389.小王与父母头一次出国旅行，由于语言不通，他的父母显得不知所措，小王也不懂丝毫外语，他也不是聋哑人，却像在自己国家里一样未尝感到丝毫不便，这是为什么?

【帮你一把】知道有句话叫“不知者不怪”吗?

390.一堆西瓜，一半的一半比一半的一半的一半少半个，请问这堆西瓜有多少个?

【帮你一把】伸出四个手指，缩回两个，再缩回一个……答案自见分晓!

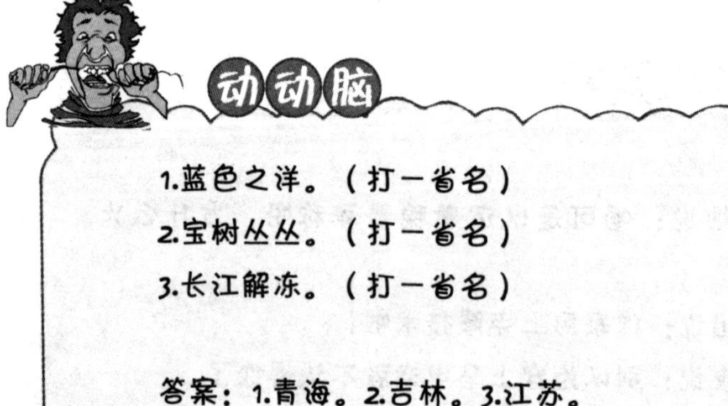

1.蓝色之洋。（打一省名）

2.宝树丛丛。（打一省名）

3.长江解冻。（打一省名）

答案：1.青海。2.吉林。3.江苏。

第4章·认·知·思·维·

脑筋急转弯也是有知识含量的，它不仅需要灵活多变的思维，更需要理智的、充满知识的头脑。但这些知识都不是深不可测的，恰恰相反，很多都是一些耳熟能详的常识，包括相当多的生活常识。因此，只要你在生活中是一个“有心人”，大部分听起来高不可攀的脑筋急转弯，在你面前都会变得十分简单。

391.小刚进入屋内为什么不随手关门?

【帮你一把】什么门不用随手关呢?

392.“东方”轮上的大副说他去过没有春夏秋冬，没有昼夜长短变化的地方，那是什么地方?

【帮你一把】你在地球仪上看到过这道圆周线。

393.右手永远抓不到什么?

【帮你一把】你知道“灯下黑”这个词的含义吗?别想太复杂了哟!

394.有一位刻字先生，他挂出来的价格表是这样写的：刻“隶书”4角，刻“仿宋体”6角，刻“你的名章”8角，刻“你爱人的名章”1.2元。那么他刻字的单价是多少?

【帮你一把】这可真是一道数学题哟!

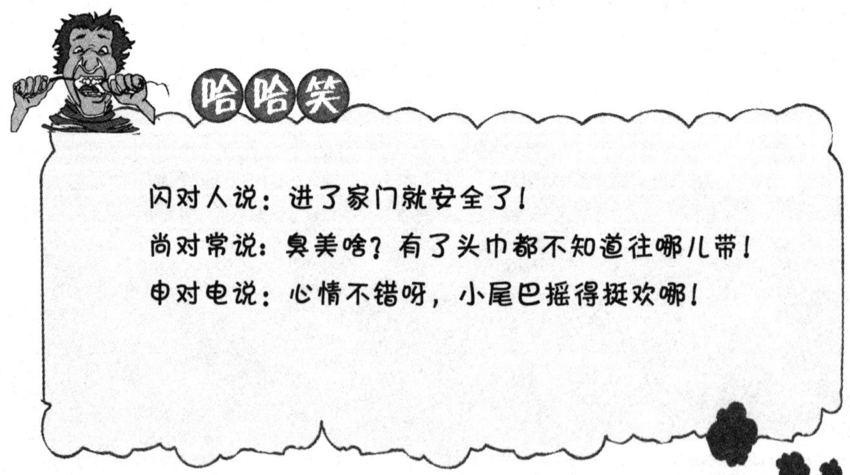

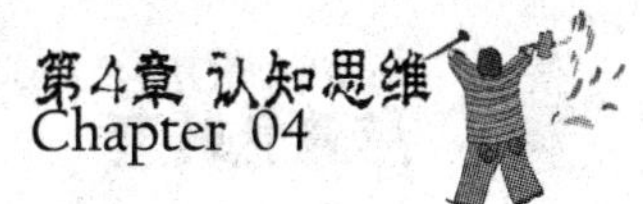

395.把杯子里面的物体都倒出来，杯中就没有任何东西了，对吗？

【帮你一把】为什么前半句用“物体”这个词，后半句却换成了“东西”？

396.两条狗赛跑，甲狗跑得快，乙狗跑得慢，跑到终点时，哪只狗身上出汗多？

【帮你一把】你知道狗为什么吐舌头吗？

397.13个人捉迷藏，捉了10个，还剩几个？

【帮你一把】可不是三个哟！

398.1升黄豆和1升芝麻混合在一起变成2升——这里有没有什么地方出错了？

【帮你一把】想一下，抓一把黄豆和一把芝麻都有什么区别？

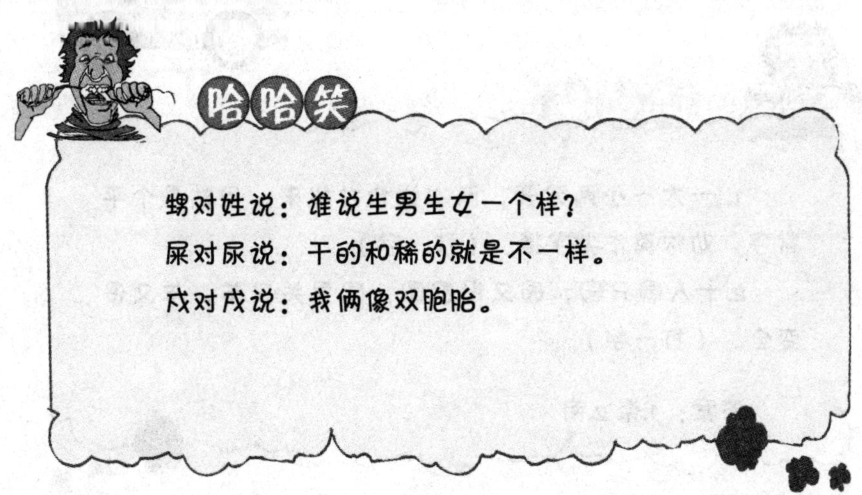

399. 小宋一直朝北走，走着走着他又没有转身可是却走到了正南方，为什么？

【帮你一把】想想地球仪，上面的哪个点符合呢？

400. 18次航班从北京飞往广州只需2个多小时，目前飞机飞了1个小时，请问：飞机在什么地方？

【帮你一把】到目的地了吗？

401. 在一个专为行人开设的十字路口，当行人在过马路时，不管哪个方向来的车辆都必须停在人行横道前方。可是有一次在该交叉路口有很多行人正在过马路时，就在人行横道前方等待的卡车司机尽管也知道现在是为行人开设绿灯的，但他却突然全速冲向人群之中，奇怪的是站在一旁的警察看到这一切也无动于衷，这是为什么？

【帮你一把】只要将司机隔开，就不会僵住大脑的。

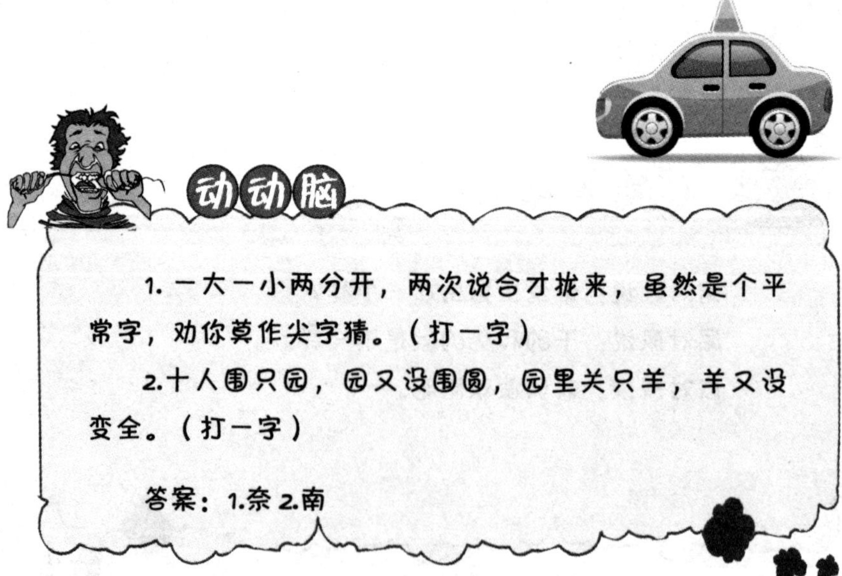

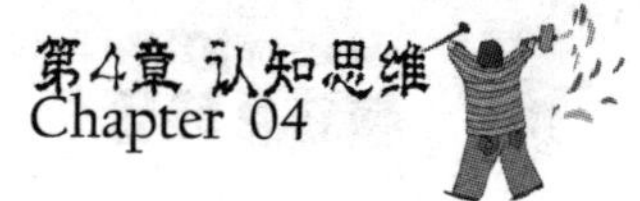

402.人一生下来第一件要做的事是什么事?

【帮你一把】你现在就做着这件事呢。

403.一辆出租车在公路上正常行驶，并且没有违反任何交通规则却被一个警察给拦住了，请问为什么?

【帮你一把】注意，是“出租车”。

404.1人吃1份快餐多出1份，1人吃2份快餐少2份，则有几人和几份快餐?

【帮你一把】左手代表人，右手代表快餐，很快就能知道了。

405.看舞台上的大合唱时，你看不到谁的嘴?

【帮你一把】团队中谁的嘴没对着你?

406.什么东西从这边看由远变近，从那边看由近变远?

【帮你一把】在“远”和“近”上做文章。

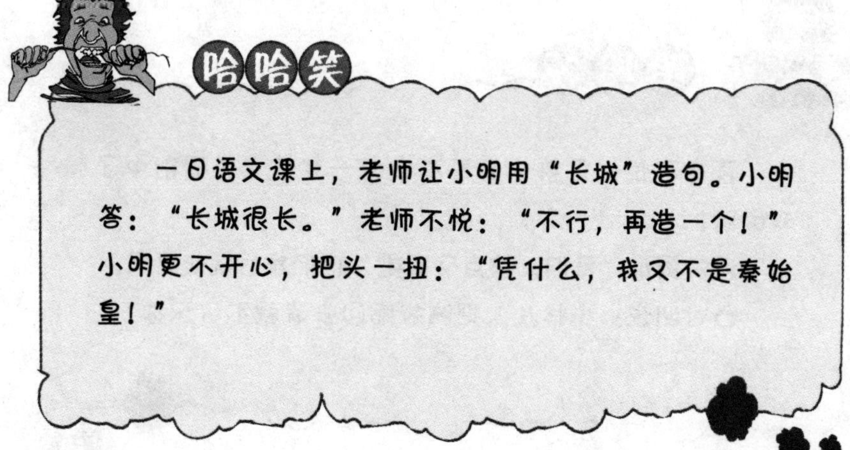

407.50块糖分给10个小朋友，要求每个人分到的糖的数目均不同，不可把糖块截断，能不能分？

【帮你一把】10个小朋友，每人最少一块糖，至少需要几块糖呢？简单算一下就知道了。

408.5只鸡，5天下了5个蛋。100天内要100个蛋，需要多少只鸡？

【帮你一把】鸡生蛋可不必排队哟！

409.“达可号”开始驶向波涛汹涌的海洋。虽然它可容纳50人，却只坐了48人；但离港仅40分钟之后，“达可号”突然开始往下沉。这是为什么？并非“达可号”有破洞，或发生爆炸、纠纷之类的事故……

【帮你一把】往下沉而理所当然的船只是什么？

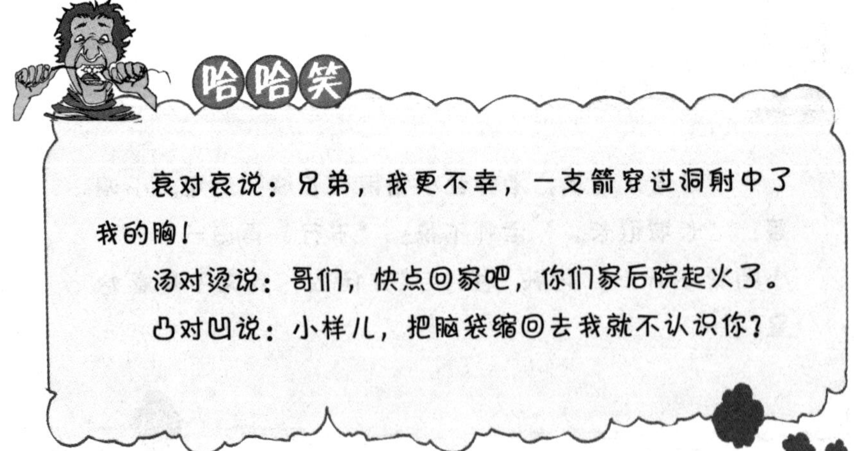

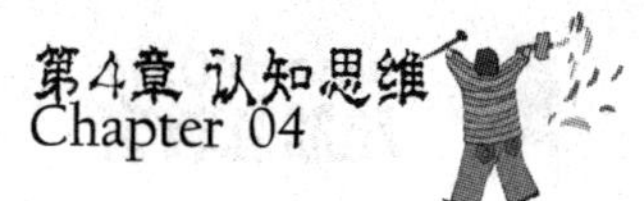

410. 8个数字“8”，如何使它们等于1000?

【帮你一把】其实用最简单的加法就可以办到，思路不要被数位限制。

411. A君与B君的家均位于新兴的住宅地，相距只有一百米。此地除这两家之外，还没有其他邻居，而且也没有安装电话。现在A君想邀请B君来家里玩，在不去B君家邀约的情况下，以何种方法能最早通知B君？假设A君身边装着十张画图纸、奇异笔和胶水。

【帮你一把】不要被没用的条件迷惑，答案很简单，你肯定经历过。

412. 阿昌认识了一个女孩子，对她一见钟情，得知她没有男朋友，为什么还是闷闷不乐?

【帮你一把】“没有男朋友”就可以和他结婚吗?

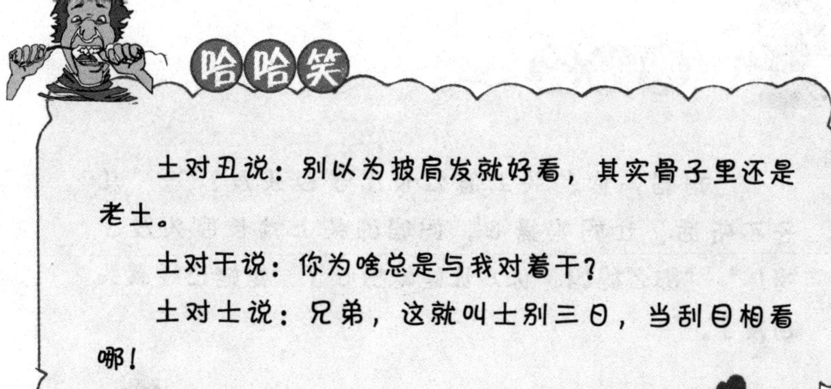

土对丑说：别以为披肩发就好看，其实骨子里还是老土。

土对干说：你为啥总是与我对着干？

土对士说：兄弟，这就叫士别三日，当刮目相看哪！

413.阿呆从热气球上掉下来，却没有受伤，为什么?

【帮你一把】热气球都在天上吗?

414.走进一家店，看见老板和客人正在议价，老板拼命杀价，而顾客却一直抬高价钱，为什么?

【帮你一把】好好品味一下“做买卖”这个词。

415.阿呆开车去动物园玩，动物园很近，他的路并没有走错，为何却总到不了目的地?

【帮你一把】知道“南辕北辙”这个成语吗?

416.高先生坐上了巴士后，不久一位老年人也上了车。当时车厢内客满，没有任何空位。那位老先生就站在高先生的旁边，可是年轻的高先生一点也没有要让座的意思，此时距离老先生要下车的站还有好长一段路程。你能想象到底是怎么一回事吗?

【帮你一把】巴士中有一个人必须这样。

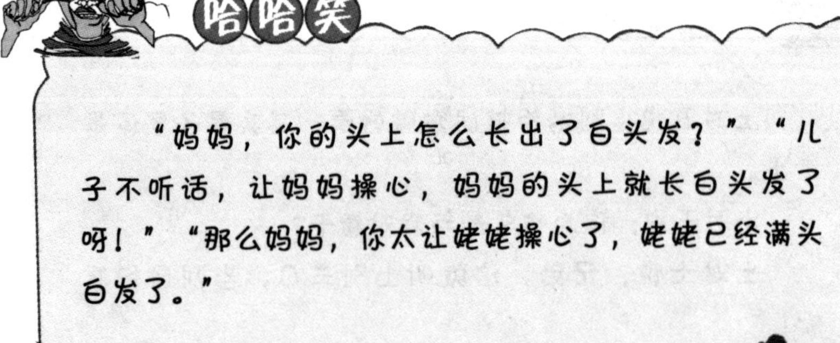

“妈妈，你的头上怎么长出了白头发?”“儿子不听话，让妈妈操心，妈妈的头上就长白头发了呀!”“那么妈妈，你太让姥姥操心了，姥姥已经满头白发了。”

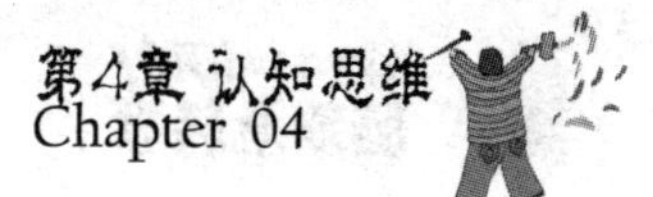

417.什么声音就在你的身边你却听不见？

【帮你一把】是你自己发出的。

418.足球比赛中场休息的时候，爸爸问他的儿子：“放在右脚旁边而左脚碰不到的是什么东西？”儿子灵机一动就答对了，你知道吗？

【帮你一把】知道“灯下黑”这个词的含义吗？不要想太复杂了。

419.人们见到的什么东西最多？

【帮你一把】这东西就在你眼前。

420.如果东京到大阪的轨道长为550公里，现在假设在这条轨道上的一端到另一端每隔一米都铺上枕木，那么在轨道上需要多少根枕木？

【帮你一把】枕木是设置在轨道下的，所以叫枕木。

小明很淘气，跑到邻居家的果园偷吃草莓，结果被发现了。邻居阿姨问：“你叫什么名字？我要告诉你的家长！”小明神情自若地说：“不用了，我的爸爸妈妈都知道我叫什么名字。”

421.阿发仔的长相和家人很相像，但大家都说阿发仔不是他们的孩子，为什么？

【帮你一把】是孩子之外的其他家庭成员。

422.听说田先生曾经碰触以时速200公里正在奔驰的火车车身，但却毫发未损，而且据他说还不只一次。这是怎么一回事？

【帮你一把】你坐过火车吧！

423.什么东西干净时黑，脏时白？

【帮你一把】学生时代的你，未必喜欢看这东西。

424.什么东西平头脚尖，干活要挨打？

【帮你一把】人们还用这种东西命名一种精神。

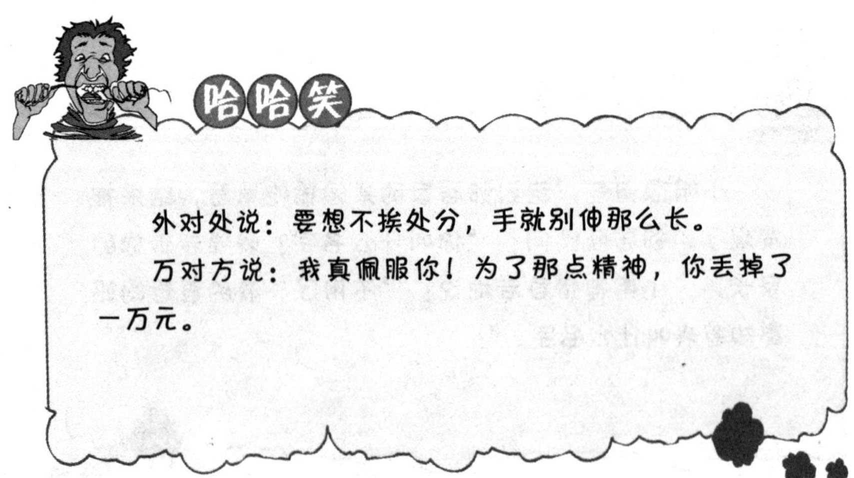

425.阿火在考试时候全部答对，为什么却没得到满分?

【帮你一把】试卷上什么题可以故意弄错?

426.中国人都会写哪种外国字?

【帮你一把】从小就接触这种外国字，并不复杂。

427.阿里巴巴和四十大盗的故事是东方夜谭还是西方夜谭?

【帮你一把】是《一千零一夜》里面的。

428.什么军最厉害?

【帮你一把】在“最厉害”上做文章。

429.什么人买到坏的东西不生气?

【帮你一把】你经常把“坏的东西”卖到哪儿呢?

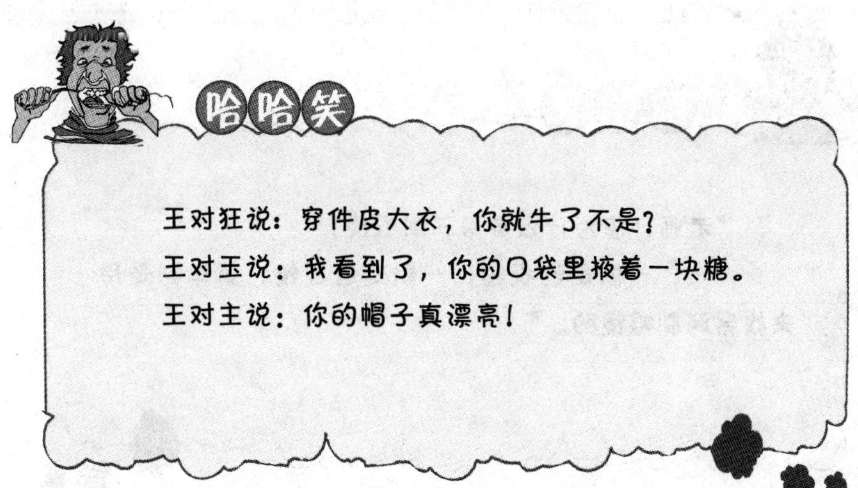

430. 张先生拿着针到处刺人，为什么没有人责怪他？

【帮你一把】他还是在救人呢！

431. 你每天做作业时先做什么？

【帮你一把】回忆一下你做作业时的情景。

432. 阿明被蚊子咬了一大一小两个包，请问较大的包，是公蚊子咬的，还是母蚊子咬的？

【帮你一把】是蚊子就咬人吗？

433. 阿忠在放哨时，明明看到敌人来了，为什么他却睁一只眼闭一只眼？

【帮你一把】有一件事是必须“睁一只眼闭一只眼”才能做的。

434. 张三问李四五次同样的问题，李四回答了五个不同答案，而且每个都是对的，那么张三问的是什么问题呢？

【帮你一把】答案或许是世上最无情的东西。

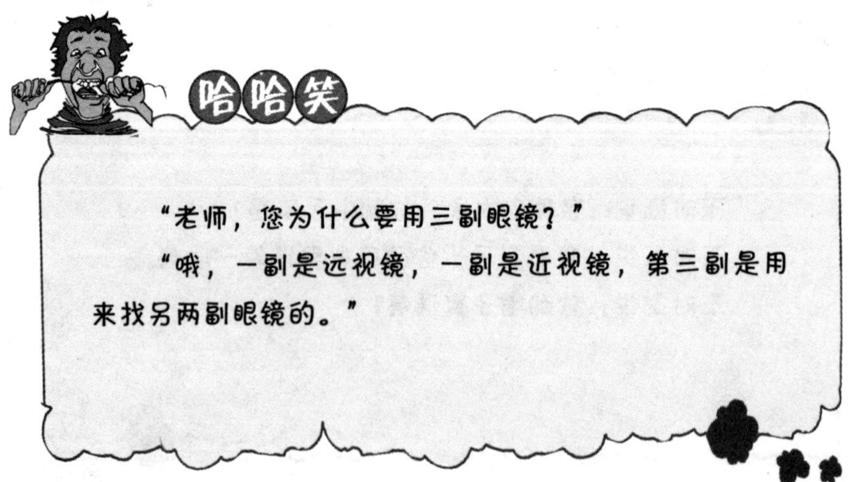

435.爱吃零食的小王体重最重时有50公斤，但最轻时只有3公斤，为什么？

【帮你一把】人在什么时候最轻？

436.什么人整天高高在上？

【帮你一把】天上都有什么呢？

437.爸爸买了一支笔，却不能写字，为什么？

【帮你一把】这支笔会发光。

438.怎么称呼一只不会叫的狗？

【帮你一把】万变不离其宗。

439.什么事情一定要用两只手才能做到？

【帮你一把】这两只手未必都是你的。

未对末说：你怎么老和我对着干？

胃对胄说：快手术吧，胃都穿孔了！

吻对吵说：小俩口好好过日子，要知道口不是用来吵架的，而是用来亲吻的。

我对峨说：你比我有分量，还不是因为你有靠山。

440. 爸爸问小明，什么东西浑身都是漂亮的羽毛，每天早晨叫你起床？小明猜对了，但却不是鸡，那是什么？

【帮你一把】一种让人吃苦头的东西。

441. 报纸上登的消息未必都是真的，但是什么消息绝对假不了？

【帮你一把】答不上来的话，你肯定买过过期的报纸！

442. 怎样用手使一个不会上升的气球到达最高处？

【帮你一把】充气的东西是肯定扔不远的。

443. 闭着眼睛也看得见的是什么？

【帮你一把】眼见未必为实。

444. 别人问阿丹说她的衣服怎么没衣扣，她却不在乎，为什么？

【帮你一把】可代替扣子功能的东西有哪些？

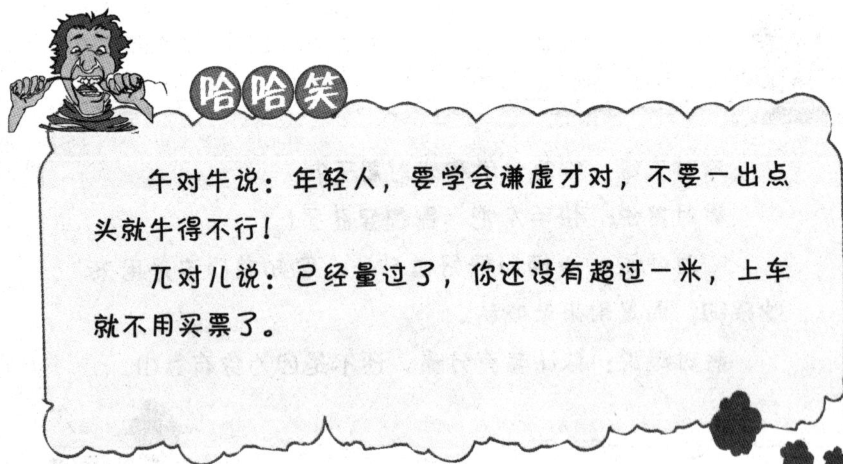

午对牛说：年轻人，要学会谦虚才对，不要一出点头就牛得不行！

兀对儿说：已经量过了，你还没有超过一米，上车就不用买票了。

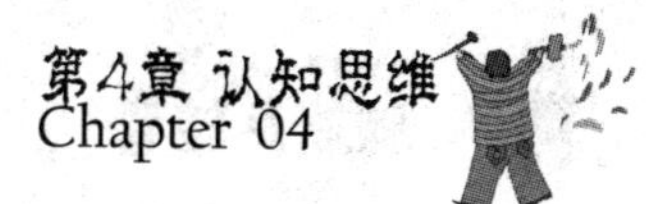

445. 不管长得多像的双胞胎，都会有人分得出来，这人是谁？

【帮你一把】别想得太复杂哟！

446. 张大妈整天说个不停，可有一个月她说话最少，那是哪个月？

【帮你一把】每月长短不一。

447. 不会讲外语的大明和不会讲中文的外国人有说有笑，他是怎么办到的？

【帮你一把】交流未必都用语言吧！

448. 不孕症妇女的孩子，会不会遗传她的不孕症？

【帮你一把】别忘了“前提”！

449. 餐厅里，有两对母女在用餐，每人各叫一个70元的牛排，付账时却只付210元，为什么？

【帮你一把】这不是数学题哟，是家庭关系问题。

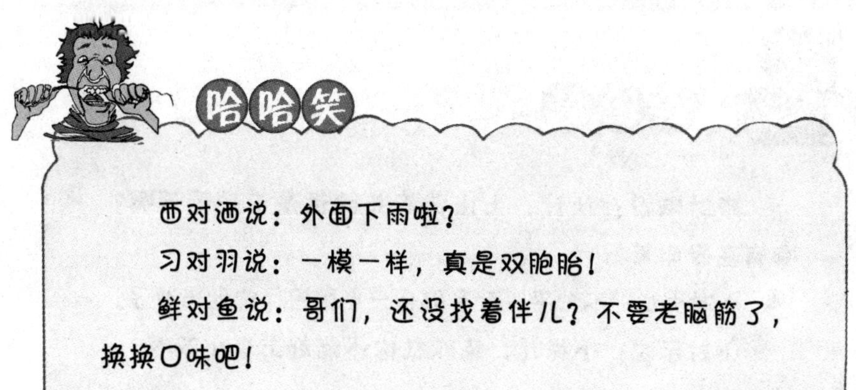

西对酒说：外面下雨啦？

习对羽说：一模一样，真是双胞胎！

鲜对鱼说：哥们，还没找着伴儿？不要老脑筋了，换换口味吧！

450. 早晨醒来，每个人都会去做的第一件事是什么？

【帮你一把】完成什么动作后，你会知道自己醒了？

451. 长胡子的山羊是母羊还是公羊？

【帮你一把】长胡子的都是公的吗？

452. 常把手伸向别人包里的人，为什么却不是小偷？

【帮你一把】人家可是光明正大的行为！

453. 车祸发生不久，第一批警察就赶到了现场，他们发现司机完好无损，翻覆的车子内外血迹斑斑，却没有见到死者和伤者，而这里是荒郊野外，并无人烟，这是怎么回事？

【帮你一把】血肯定不是死者和伤者的。

454. 早上，玲玲到刘大妈那儿买茶叶蛋，手上的钱正好买两个，刘大妈却不把锅里的茶叶蛋卖给她，这是怎么回事？

【帮你一把】俗话说：“心急吃不了……”

咸对碱说：伙计，上山背石头的活是不是很苦啊？哪有在家闲着好啊！

小对少说：不公平，就多那么一点尾巴，你就当爷了。

小对示说：小样儿，练双杠你还能赶上李小双啊？

455. 吃苹果时，咬了一口发现有一条虫子，觉得特别恶心；看到两条虫子，觉得更恶心；请问：看到几条虫子让人最恶心？

【帮你一把】在“咬了一口”上做文章。

456. 出去的时候光着身子，回到家才穿上衣服的是什么？

【帮你一把】不是只有人才会“穿上衣服”。

457. 除了变色龙以外，什么动物最擅长伪装术？

【帮你一把】放眼四周动动脑。

458. 早上八点整，北上、南下的两列火车都准时通过同一条单线铁轨，为什么没有相撞呢？

【帮你一把】别被题中的时间条件迷惑。

459. 除了大猩猩外，何种动物最接近于人类？

【帮你一把】“动物”的含义很广哟！

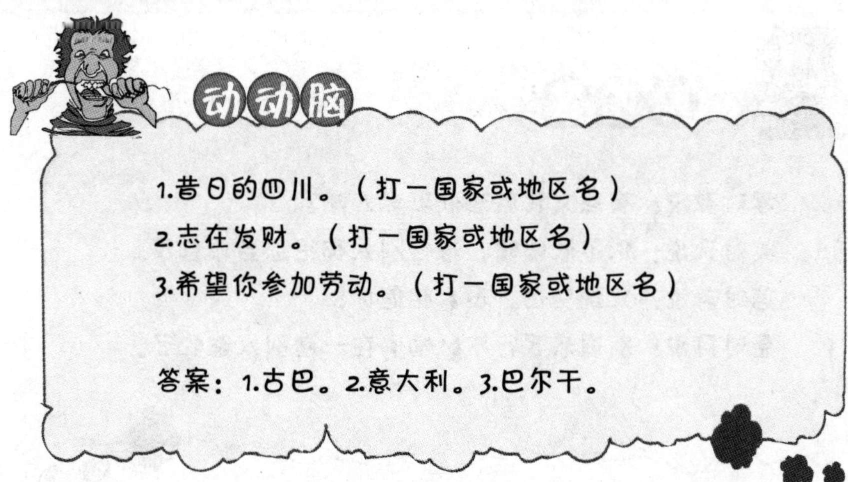

460.楚楚的生日在3月30日，请问是哪年的3月30日？

【帮你一把】你是怎么过生日的？

461.刺杀林肯的子弹从哪儿来？

【帮你一把】其实什么子弹都一样。

462.哪种人希望孩子越多越好？

【帮你一把】因为他有利可图。

463.大家都看见地上有张100元的钱，为什么没有捡？

【帮你一把】这钱看到不能花。

464.从事什么职业的人容易在短时间反复改变主意？

【帮你一把】“改变主意”也是工作的需要。

孝对教说：有点文化就想办班教人呐？

笑对夭说：你不长眼睛，难怪别人都把你当作鬼了。

信对言说：只说空话，没人相信你！

星对月说：别追我了行不，咱俩在一起别人都吐了。

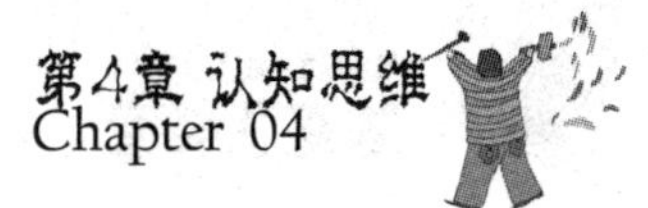

465. 大部分人出生在什么地方?

【帮你一把】这不过是个文字游戏罢了。

466. 在有100个代表队参加的足球淘汰赛中，要决出冠军队，至少需要进行多少次比赛?

【帮你一把】你看过世界杯吧!

467. 大象的左耳朵像什么?

【帮你一把】你有几个耳朵?

468. 蛋要怎么买，才不会买到里面已经孵出了小鸡的蛋?

【帮你一把】最简单的办法，往往能解决看起来复杂的问题。

469. 越小越高的东西是什么?

【帮你一把】看看天空，再动动脑。

腥对明说：按理说我们俩在一起过日子也不该比你们差啥呀，咋有人说我俩味不正呢?

炎对毯说：姐们儿，这么热的天咋还穿着翻毛大衣呢?

470.在一次监考严密的考试中，有两个学生交了一模一样的考卷。主考官发现后，却并没有认为他们作弊，这是什么原因？

【帮你一把】特殊的“雷同卷”。

471.在未削过的截面为六边形的铅笔上，一共有多少个面？圆形的红色铅笔呢？

【帮你一把】是不是太简单了？注意别遗漏。

472.在印度，男性不可以和他遗孀的姐姐或者妹妹结婚。为什么？

【帮你一把】你知道“遗孀”的确切含义吗？

473.当你捏住你的鼻子时，你会看不到什么呢？

【帮你一把】“捏住鼻子”可不是蒙上眼睛啊！

也对她说：当老板了，出门还带小秘？

页对须说：瞅眼儿不见，长胡子了？

弋对戈说：别以为你带了把剑我就怕你，有种咱俩单练，我揍不扁你！

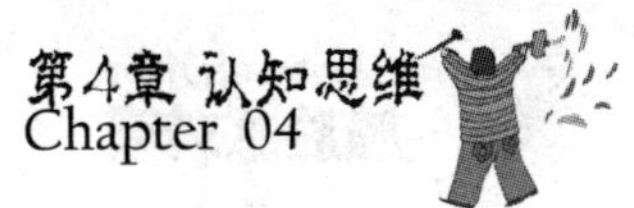

474.在罗马数字中，零该怎么写?

【帮你一把】“零”的出现，其实是个复杂的历史过程。

475.导演招收演员，考题是《黑夜归来》。该怎样做才能很容易被录取呢?

【帮你一把】你“黑夜归来”后，首先会做什么?

476.地球上什么地方人口出生率最高?

【帮你一把】这可不是地理学、人口学方面的问题。

477.什么“光”会给人类带来痛苦?

【帮你一把】代表野蛮的一种“光”。

478.在平衡的跷跷板两边各放一个西瓜和冰块，重量相等，如果就这样放着，最后，跷跷板会向哪个方向倾斜?

【帮你一把】冰块肯定会化的……

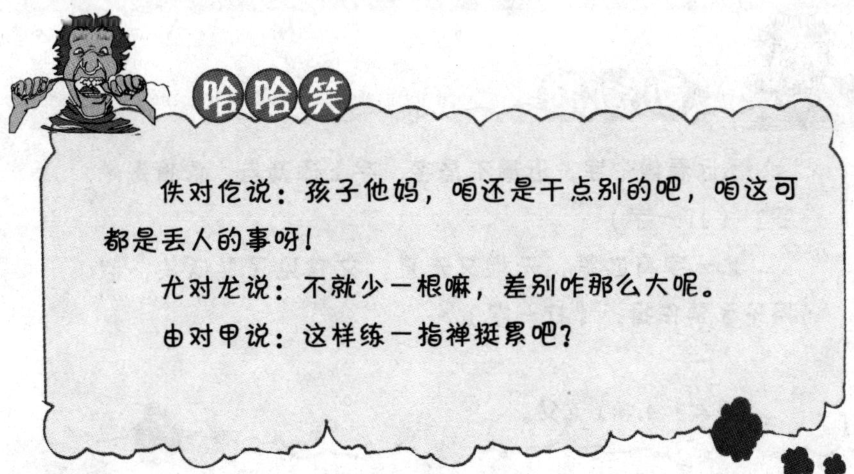

479. 地球上什么东西每天要走的距离最远?

【帮你一把】你知道"坐地日行八万里，巡天遥看一千河"这句诗吗?

480. 地上有三只小鸟，打死一只，还剩几只?

【帮你一把】这些鸟可都是活生生的!

481. 地震的时候什么地方最安全?

【帮你一把】肯定不是在地上了。

482. 在什么情况之下2/4和4/4不会约成最简分数?

【帮你一把】你喜欢唱歌吗?

483. 电车时速80公里，向北行驶。有时速20公里的东风，请问电车的烟，朝哪个方向吹?

【帮你一把】注意前提，别被误导。

1.远看像个字，近看不是字，字上添两点，你猜是啥字?（打一字）

2.一字有四笔，无横又无直，文官见了要低头，武将见了要作揖。（打一字）

答案：1.学。2.父。

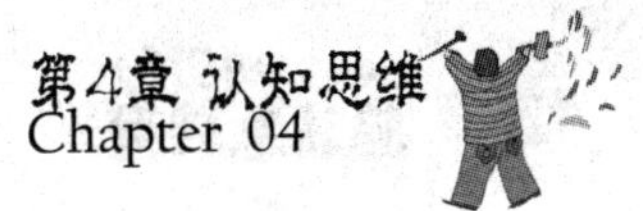

484. 小明的成绩不算差，却读了3年的2年级，这是怎么回事?

【帮你一把】肯定不是留级了。

485. 小当拿到考卷，看了一会儿，发现什么最容易写?

【帮你一把】什么样的差生都会写。

486. 黑、白相间的马是斑马，那黑、白、红相间的是什么马?

【帮你一把】还是斑马，只不过……

487. 电影院内禁止吸烟，而在剧情达到高潮时，却有一男子开始抽烟，整个银幕笼罩着烟雾。但是，却没有任何一位观众出来抗议，这是为什么?

【帮你一把】在“银幕”上做文章。

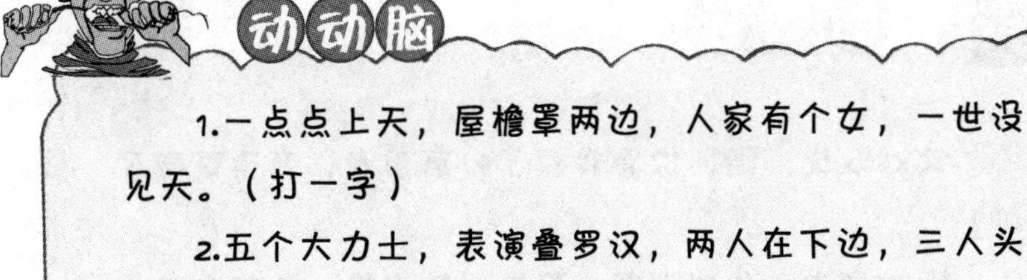

1.一点点上天，屋檐罩两边，人家有个女，一世没见天。（打一字）

2.五个大力士，表演叠罗汉，两人在下边，三人头上站。

答案：1.安。2.奏

488. 冬冬的爸爸牙齿非常好，可是他经常去口腔医院，为什么？

【帮你一把】他未必是病人吧！

489. 冬天，宝宝怕冷，到了屋里也不肯脱帽。可是他见了一个人却乖乖地脱下帽，那人是谁？

【帮你一把】脱下帽后该怎样呢？

490. 幼儿园放学了，但却没有一个小朋友从大门出去，是怎么回事呢？

【帮你一把】你家有几个门？

491. 房间里有十根点着的蜡烛，被风吹灭了九根，第二天还剩几根？

【帮你一把】在“吹灭”上做文章！

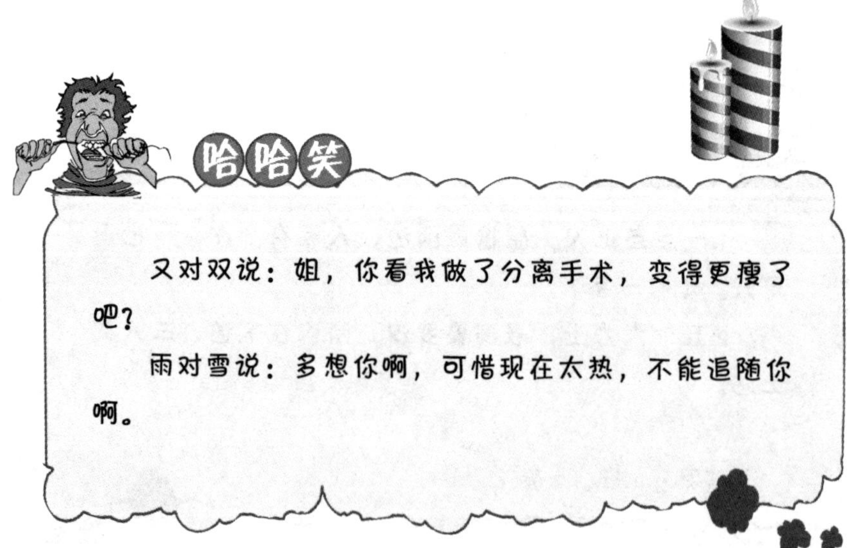

又对双说：姐，你看我做了分离手术，变得更瘦了吧？

雨对雪说：多想你啊，可惜现在太热，不能追随你啊。

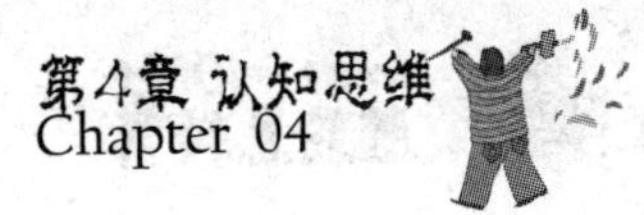

492. 飞得最高的动物是什么?

【帮你一把】“动物”的含义可很广哟!

493. 夫妻结婚不久，丈夫就去当兵了，几年之后，妻子生了个儿子。有一天，妻子对儿子说爸爸就要回来了，让儿子和自己一起去机场接他的爸爸。一会儿飞机上下来了三个人，儿子冲上去就喊：“爸爸！”为什么儿子能认出来?

【帮你一把】看看四周的人，答案自明。

494. 在船上见得最多的是什么?

【帮你一把】肯定不是船上的人。

495. 福尔摩斯花了半天时间，却查不出命案现场有任何线索及目击者，但他随即就宣布破案了，为什么?

【帮你一把】不要被福尔摩斯的光环笼罩，只考虑侦破者。

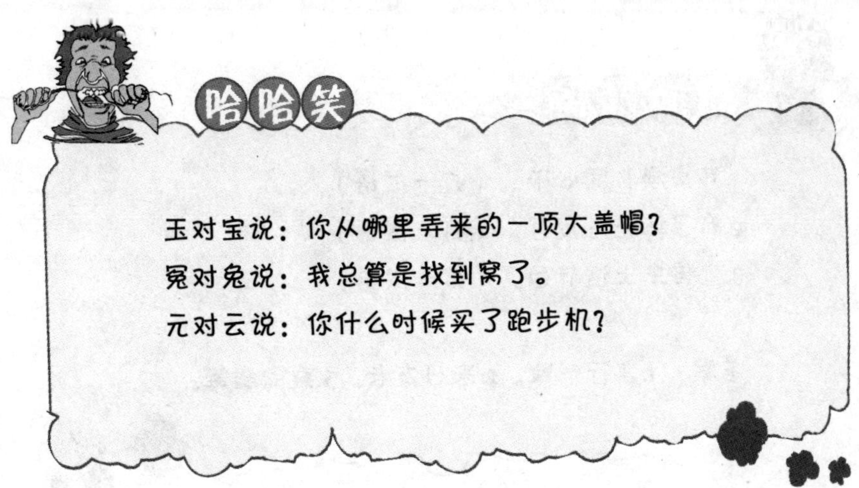

玉对宝说：你从哪里弄来的一顶大盖帽?

冤对兔说：我总算是找到窝了。

元对云说：你什么时候买了跑步机?

496.盖楼要从第几层开始盖?

【帮你一把】不是第一层。

497.刚买的袜子为什么会有一个洞?

【帮你一把】看看你穿的袜子就明白了。

498.有一种东西，上升的同时会下降，下降的同时会上升，这是什么?

【帮你一把】你小时候经常和伙伴一起玩。

499.刚进幼儿园的皮皮才学英文一个月却能毫无困难地和外国人交谈，为什么?

【帮你一把】神通广大的不是皮皮。

500.小高骑自行车骑了十公里，但周围的景物始终没有变化。为什么?

【帮你一把】肯定不是你在街上看到的那种自行车。

1.齐声唤，同心干。（打一成语）

2.有了阳光才发芽。（打一成语）

3.宣传车上演节目。（打一成语）

答案：1.言行一致。2.来日方长。3.载歌载舞。

501. 给一位耳聋的残疾人安装一部铃一响就发光的电话机，但这电话机仍然对他毫无用处，为什么？

【帮你一把】注意使用对象的情况。

502. 有一座长10米的木桥，最大载重量是3吨。现有一辆2吨重的卡车，载了一根长30米、重3吨的铁链，要通过这座木桥。如不能将铁链分开，有什么简单可行的方法可使卡车安全通过？

【帮你一把】这不是数学题，也不是物理题，靠生活常识就能解决。

503. 喝牛奶时用哪只手搅拌会比较卫生？

【帮你一把】你会用手搅拌牛奶吗？

504. 公交车来了，一位穿长裙的小姐投了8块钱，司机让她上车，第二位穿迷你裙的小姐投了8块钱，司机也让她上车，第三位小姐没投钱，司机还是让她上车，为什么？

【帮你一把】你肯定坐过公交车吧，回忆一下就明白了。

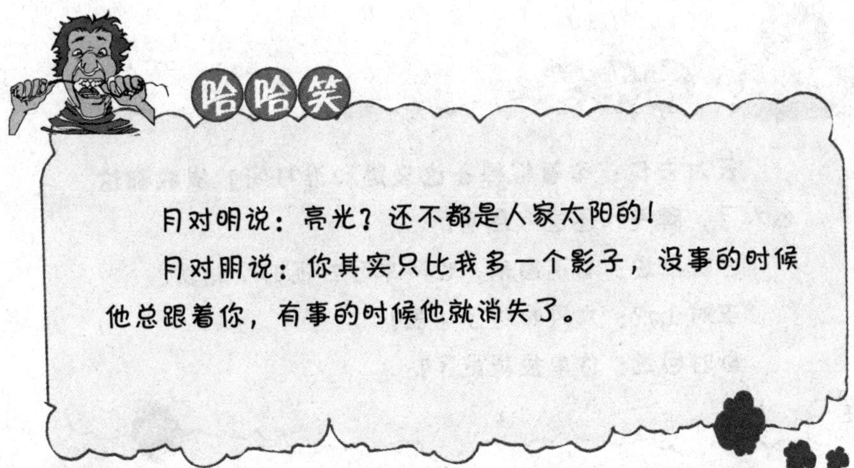

505. 刮风的晚上，停电了，晓晓上床睡觉时忘了吹蜡烛，第二天醒来时，蜡烛居然还有很长一支没有燃完，怎么回事呢？

【帮你一把】肯定不是超长的蜡烛。

506. 根据调查，发现我国各地在同一时间，竟然有许多人说着相同英语的奇怪现象，这究竟是怎么一回事呢？

【帮你一把】你学过英语吗？

507. 有只小松鼠朝西跑，又向右转了90度接着往前跑。请问：这只小松鼠的尾巴朝哪里？

【帮你一把】想想松鼠是什么样子的。

508. 喝什么东西可以让人变成鬼？

【帮你一把】肯定不是鬼故事里的那种鬼，或许你身边就有。

云对去说：举着根棒子这又是和谁打呀？岁数都这么大了，脾气咋还这么暴呢！

占对点说：看不出来，也买车了？还四个轱辘。

正对止说：大风吹跑了斗笠？

自对目说：你单位裁员了？

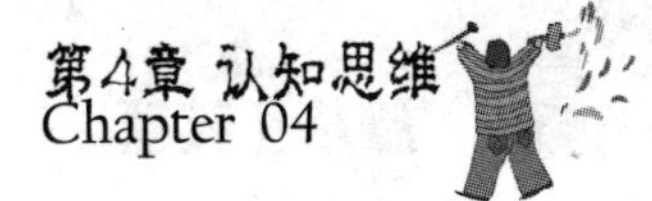

509. 喝醉酒的人常辩称自己没醉，你知道这是什么原因吗?

【帮你一把】自称喝醉的，往往很清醒。

510. 有一样东西比大力士能举起的重量要轻得多，大力士却举不起，那是什么?

【帮你一把】“东西”的含义很广哟!

511. 河上有2座桥，一高一低，这2座桥都被接连而来的3次洪水淹没了。高桥被淹了3次，低桥反而只被淹了1次，这是为什么?

【帮你一把】桥有高低，那水呢?

512. 张先生有个本领，那就是能让见到他的人，都会自动手心朝上。这是怎么回事?

【帮你一把】人家做的可是正经事啊!

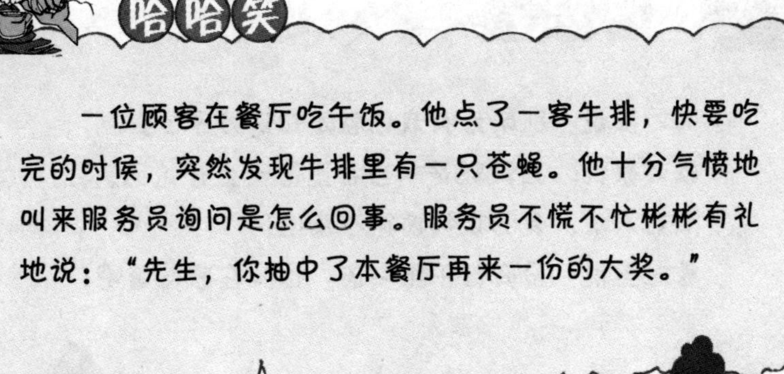

哈哈笑

一位顾客在餐厅吃午饭。他点了一客牛排，快要吃完的时候，突然发现牛排里有一只苍蝇。他十分气愤地叫来服务员询问是怎么回事。服务员不慌不忙彬彬有礼地说：“先生，你抽中了本餐厅再来一份的大奖。”

513. 画一个圆圈，这个圆圈画在哪里我们永远也跳不出去?

【帮你一把】你知道“灯下黑”这个词吗?

514. 有一种地方专门教坏人，但没有一个警察敢对它采取行动加以扫荡。这是什么地方?

【帮你一把】在“教坏人”上做文章。

515. 怀孕的母狗怕人踢它，可是有个家伙踢它，它既不躲避也不生气，为什么?

【帮你一把】注意题目的前提。

516. 黄先生对于找寻失物非常拿手，再细微的东西丢失了，他都可以找得出来。但是有一次他丢了一件东西却不能一下子就找出来，为此大伤脑筋呢！他到底丢了什么东西?

【帮你一把】他的眼睛好使吗?

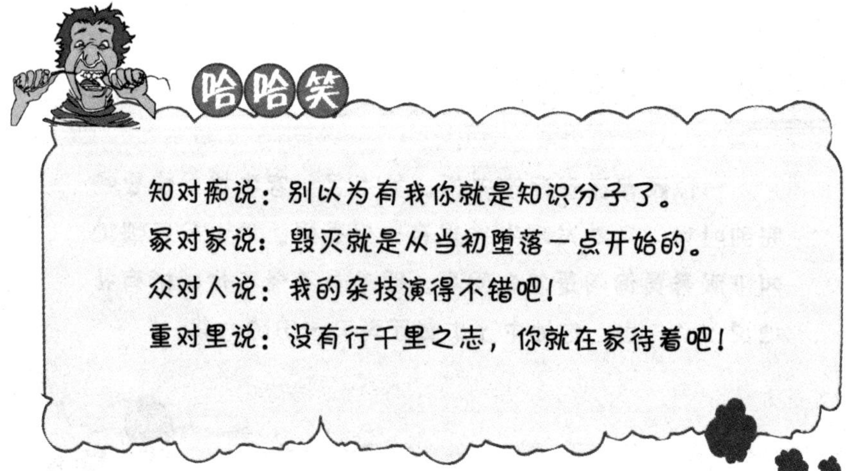

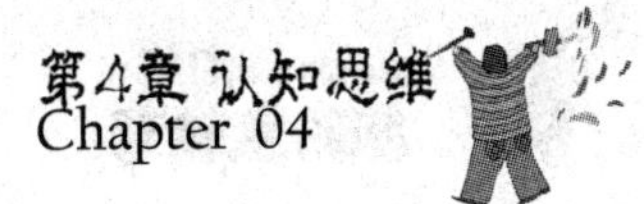

517. 火柴盒内只剩一根火柴棒。A先生想点亮煤油灯，使煤炉起火，并烧热水的话，应该先点何物较佳?

【帮你一把】想想划火柴的情景就知道了。

518. 有一样东西不管你喜欢与否，它却每年一定要增加一点，这是什么东西?

【帮你一把】世上什么东西对人最公平?

519. 几个学生排队上校车。4个学生的前面有4个学生，4个学生的后面有4个学生，4个学生的中间也有4个学生。请问一共有几个学生?

【帮你一把】用十个手指头比划比划，答案就出来了。

520. 佳佳和小猫玩得正高兴，突然她看见小猫越来越小了，为什么?

【帮你一把】肯定不是充气猫玩具了。

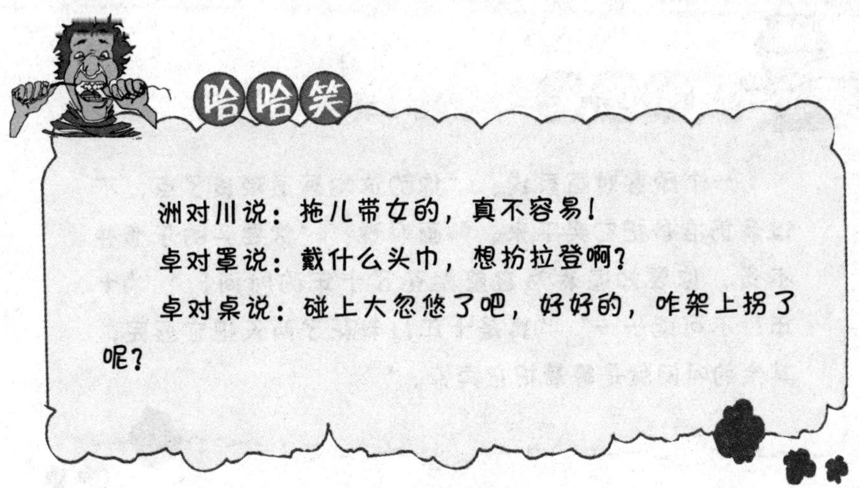

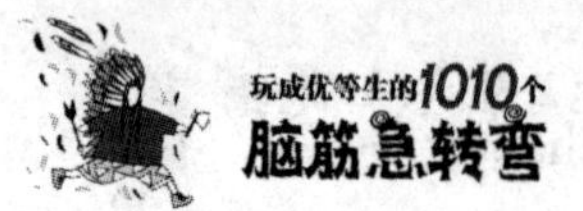

521. 小红说她能轻而易举跨过一棵大树，她是怎么跨过的呢?

【帮你一把】这样的大树，你也能跨过。

522. 有一天坐公共汽车，车内买票人数只有坐车人数的1/3，售票员对此无动于衷。假设有月票的人也买了票，而且车内没有一个小孩，请问这种情况会不会有?

【帮你一把】公交车里有两个人不需要买票，他们是谁呢?

523. 今天卖报的老吴卖了100份报纸，但只收入几毛钱，为什么?

【帮你一把】你也卖过这样的报纸。

524. 哪一种人占用地球表面积最小?

【帮你一把】用脚的哪部分站立时，占用地球表面积最小?

一个顾客对画家说："你的这幅画虽稍贵了点，不过我仍准备把它买下来。"画家说："你要买的东西并不贵，你要知道我为它整整花了十年的时间！""十年！不可能……""真是十年！我花了两天把它画完，其余的时间就是等着把它卖掉。"

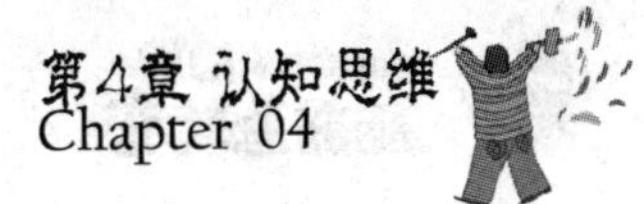

525. 开往宁波的轮船边上挂了一架软梯，离海面1.5米，海水每小时上涨15厘米，几小时后海水会淹没软梯？

【帮你一把】这可不是数学题哟！

526. 有一样东西能托起50公斤的橡木，却容不下50公斤的沙，你知道是什么吗？

【帮你一把】你天天离不开这种东西。

527. 考试时，阿财一题都不会写，但是为什么突然眼睛一亮，开始振笔疾书？（他没有抄袭。）

【帮你一把】什么样的差生都会写这些内容。

528. 老李站在马路上指手画脚，却不见警察来赶他，为什么？

【帮你一把】人家干的是正经事。

529. 老王的头发已经掉光了，可为什么他还老去理发店？

【帮你一把】去理发店未必就是去理发吧！

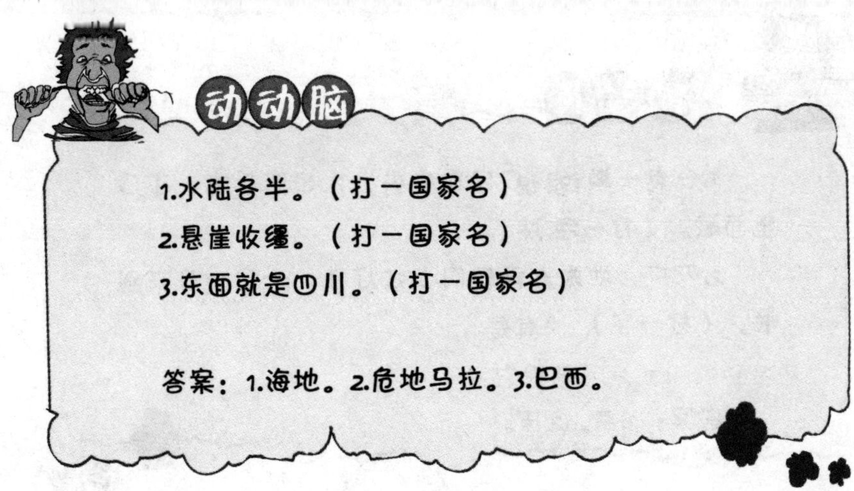

动动脑

1.水陆各半。（打一国家名）

2.悬崖收缰。（打一国家名）

3.东面就是四川。（打一国家名）

答案：1.海地。2.危地马拉。3.巴西。

530.有一位老太太上了公车，为什么没人让座？

【帮你一把】什么时候才需要让座？

531.老赵天天掉头发，什么办法都用了，只有一种办法使他永远不掉头发。是什么办法呢？

【帮你一把】这其实是个馊主意。

532.老张有很厉害的胃病，可他每周有五天总往牙科跑，这是为什么？

【帮你一把】往牙科跑肯定看不了胃病。

533.李伯伯一共有7个儿子，这7个儿子又各有一个妹妹，那么，李伯伯一共有几个子女？

【帮你一把】这可不是数学题哟！

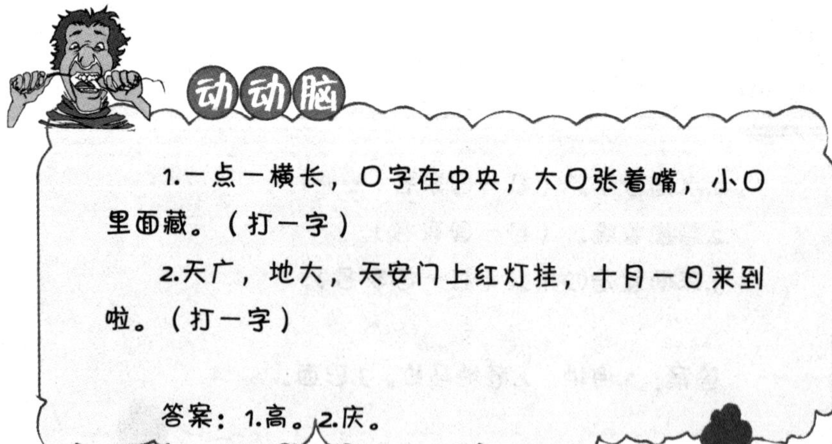

534.有一天我去意大利参观著名的比萨斜塔时，却看到此塔一点也不倾斜，笔直而立。当时真怀疑自己是否眼花了，四周看不到修复的痕迹，也不是看到了赝品。那么究竟该如何说明这个事实呢?

【帮你一把】把你手中的笔斜立在桌子上，在某个角度看，也可以是笔直的。

535.李东对张南讲，他昨天刚出差到广州，晚上给家里打电话时妻子问他是不是把家里信箱钥匙带走了，他一找，果然是的。今天他赶紧把钥匙放在信封里寄了回去。张南一听，骂李东是笨蛋。你说这是为什么?

【帮你一把】他寄的不是特快专递。

536.两对父子去买帽子，每人一顶，为什么只买了三顶?

【帮你一把】“两对父子”会是几个人?

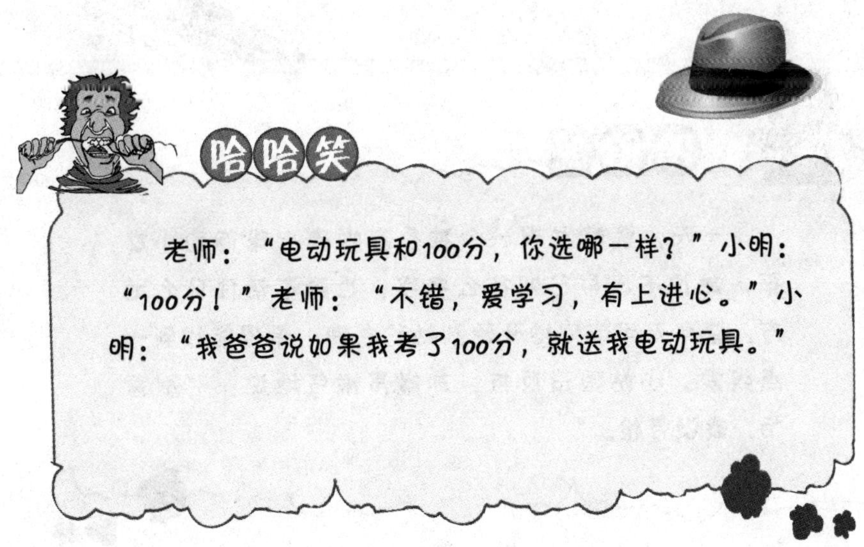

537. 两个棋友一天共下了9盘棋，在没有和局的情况下他俩赢的次数相同，怎么回事?

【帮你一把】这可不是数学题哟！想想棋类比赛的情景。

538. 有一辆装载着集装箱的大卡车要穿过天桥，可是集装箱的顶部却高出天桥底2厘米。集装箱又大又重，不便卸下；而绕道走又要耽搁时间。请问：有什么办法能使大卡车顺利穿过天桥，又不至于撞坏天桥?

【帮你一把】桥肯定不会降低高度的。

539. 两人同时过一条又深又急的河，却只有一独木舟。独木舟一次只能载一个人，没有船夫，不能泅渡，没有桥，他们怎么过去的?

【帮你一把】是一起过去吗?

一天，警察发现一个独自在大街上徘徊的小女孩，她说不出自己叫什么名字，也弄不清住什么地方。警察无可奈何地开始翻她的衣兜，希望能找到一点线索。小姑娘没反抗，却嫩声嫩气地说：“别害怕，我没带枪。”

540. 亮亮语文和数学共考了200分，结果静静得了第一，为什么？

【帮你一把】名次脱离不了一定的范围。

541. 流浪了50多年的流浪汉，有一天突然不流浪了，为什么？

【帮你一把】不流浪了，是不是永久地呆在某个地方了？

542. 有一棵树，在距树7米的地方有一堆草，一头牛用一根3米长的绳子栓着，最后这头牛把这堆草全吃光了，请问为什么？（注意：这头牛体长不足2米。）

【帮你一把】这可不是数学题哟！

543. 马亚买了新音响，电源开了录音带也放了，为什么没有声音呢？

【帮你一把】别忘了，那是电器。

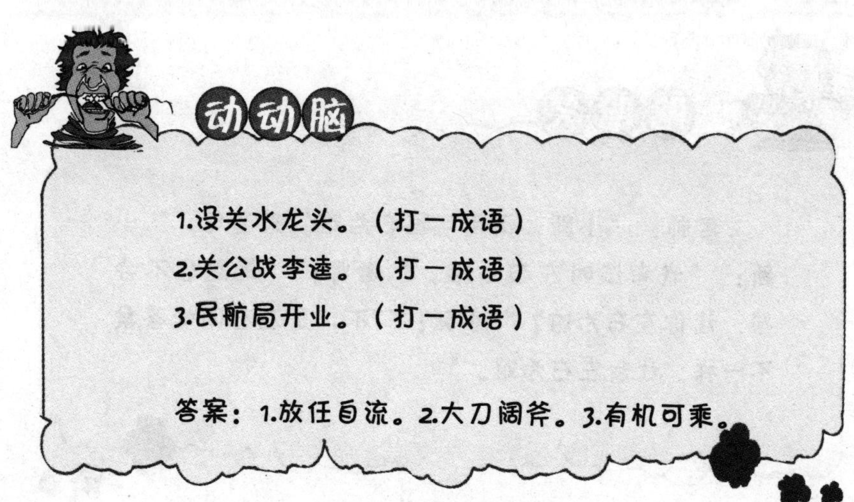

动动脑

1.没关水龙头。（打一成语）

2.关公战李逵。（打一成语）

3.民航局开业。（打一成语）

答案：1.放任自流。2.大刀阔斧。3.有机可乘。

544. 买来煮了它，煮好丢了它，这东西是什么？

【帮你一把】看来它的作用是煮后才有的。

545. 满满一杯啤酒，怎样才能先喝到杯底的酒？

【帮你一把】不是把杯底弄个洞哟！

546. 有一家四兄弟，他们4个人的年龄乘起来是14，请问他们各自是多少岁？

【帮你一把】和“最小公倍数”是一个道理。

547. 曼谷市正处于雨季。某天半夜12点钟，下了一场大雨。问：过72小时后，当地会不会出太阳？

【帮你一把】是否出太阳，和下雨有关吗？

548. 在没有铁栏杆的牢笼里，患者面临现代医学所知的各种传染性病毒的威胁，并经常忍受种种科学的折磨。这是哪里？

【帮你一把】这其实是个不错的地方。

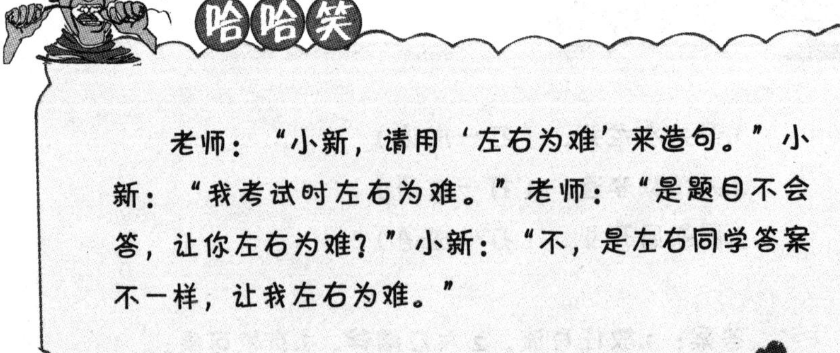

老师：“小新，请用‘左右为难’来造句。”小新：“我考试时左右为难。”老师：“是题目不会答，让你左右为难？”小新：“不，是左右同学答案不一样，让我左右为难。”

549. 每隔1分钟放1炮，10分钟共放多少炮?

【帮你一把】不是10炮哟!

550. 有一个屠夫带着一个小孩在街上遇见一位朋友。朋友问屠夫：“这是你的儿子吗？”屠夫：“是。”他又问小孩：“这是你父亲吗？”小孩：“不是。”请问怎么回事?

【帮你一把】放眼四周，看看其他人，就知道答案了。

551. 某城市今晚的电视为什么只有图像，没有声音?

【帮你一把】不可能是一个城市的电视机全坏了。

552. 某地发生了大地震，伤亡惨重，收音机里不断传出受灾情况以及寻人启事，一位老大爷一直在注意收听收音机的报道。有人问他：“收音机里播放过你孙子的消息了吗？”他回答说：“没有。”接着他又说：“但我知道我孙子肯定平安无事。”请问为什么?

【帮你一把】在“收音机”上做文章。

哈哈笑

儿子：“爸爸，月饼的‘饼’字怎么写?”爸爸：“就是酥饼的‘饼’字。”儿子：“酥饼的‘饼’字怎么写?”爸爸：“就是煎饼的‘饼’字呗!”儿子：“煎饼的‘饼’字怎么写?”爸爸：“笨蛋，我举一反三地教你，你还不会!”

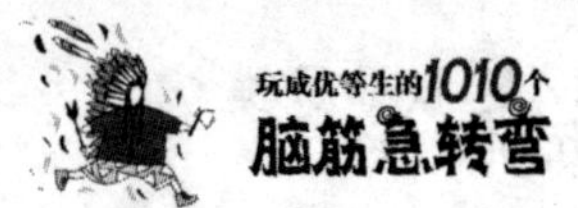

553.某人买了一辆车，两年后却能以更高的价钱卖出去，为什么?

【帮你一把】什么东西年代越久越值钱?

554.有一个小圆孔的直径只有1厘米，而有一种体积达100立方米的物体却能顺利通过这个小孔，那么这是什么物体呢?

【帮你一把】你每天都离不开这种东西。

555.哪项比赛是往后跑的?

【帮你一把】不是倒着跑步，是逼着你使出全部力气的运动。

556.X因被视为某起杀人案的嫌疑犯而遭逮捕。因为罪犯当时使用的手枪为X所有，上面也只有他的指纹。而且，他不但有足够的犯罪动机，也无法提出不在场的证明。可是Y侦探却绝对相信，X并不是凶手。这是为什么?

【帮你一把】把嫌疑犯的范围扩大，扩到最大。

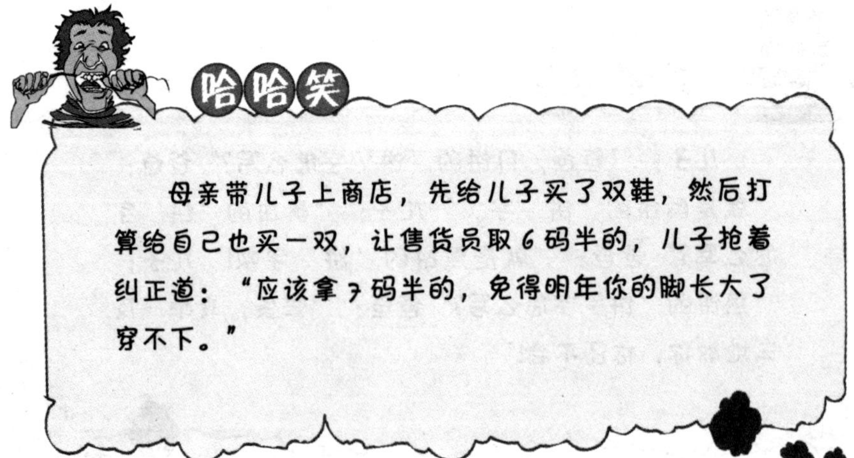

557. 男女合计11个兄弟姐妹，其中有哥哥(或姐姐)的人，以及有弟弟(或妹妹)的人，哪一方比较多呢?

【帮你一把】听起来复杂，其实想想自己的兄弟姐妹就知道答案了。

558. 有一个人，无论他叫你把头抬高或垂下，你都会照做，此人是谁?

【帮你一把】人家是在工作。什么工作呢?

559. 奶奶到一家三黄鸡店对老板说："我买的东西不要肥，不要瘦，不要骨头，不要肉。"老板即刻心领神会。你知道是什么吗?

【帮你一把】除了这些，鸡身上还有什么能吃?

560. 奶奶没上过学，为什么会写外文?

【帮你一把】你从小就接触这种外文。

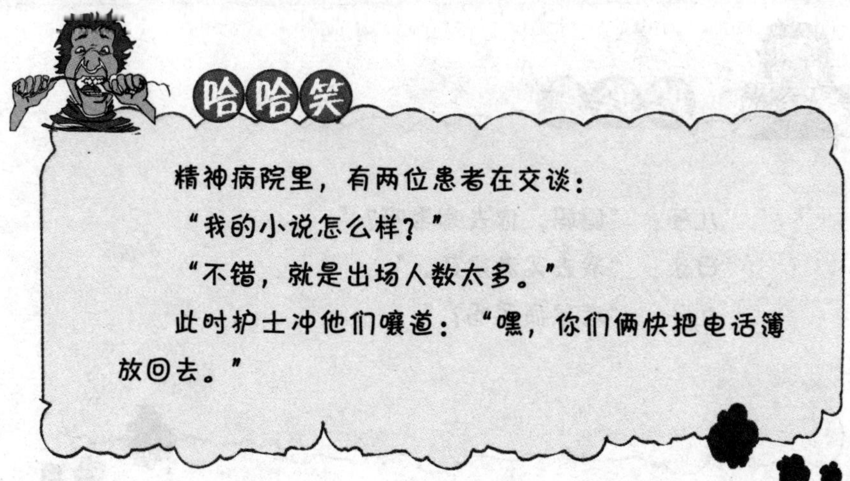

561.能够使我们的眼睛透过一堵墙的是什么？

【帮你一把】现在是你在屋子里吗？

562.有一本书，兄弟俩都想买。如果用哥哥的钱买要缺5元钱，如果用弟弟的钱买缺1角钱，如果两人把钱合起来只买一本书，钱仍然不够。那么这本书的价钱是多少呢？

【帮你一把】摸摸你的口袋吧！

563.能容纳所有景物的球是什么球？

【帮你一把】不是玻璃球，那是什么呢？

564.你不是聋子，为什么我说话你听不到？

【帮你一把】你最熟悉的人，现在是否在说话呢？

565.你看不到房间里唯一的苹果。为什么？

【帮你一把】放眼四周，动动脑筋。

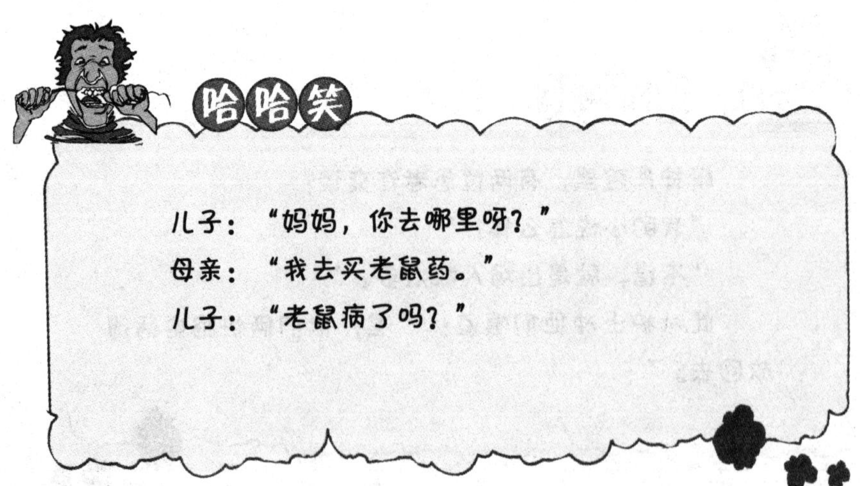

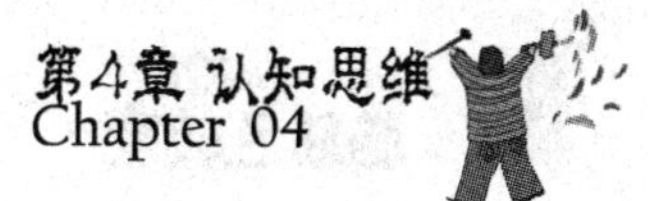

566. 有一个人，他是你父母生的，但他却不是你的兄弟姐妹，他是谁?

【帮你一把】你是不是独生子女?

567. 你能做，我能做，大家都能做，一个人能做，两个人不能一起做。这是做什么?

【帮你一把】不是真事。

568. 你姨妈有个姐姐，但你不叫她姨妈，她是谁?

【帮你一把】没有她就没有你。

569. 你在一年半左右的时间内都不会说话，这段时间你在干什么?

【帮你一把】嘴也在闲着。

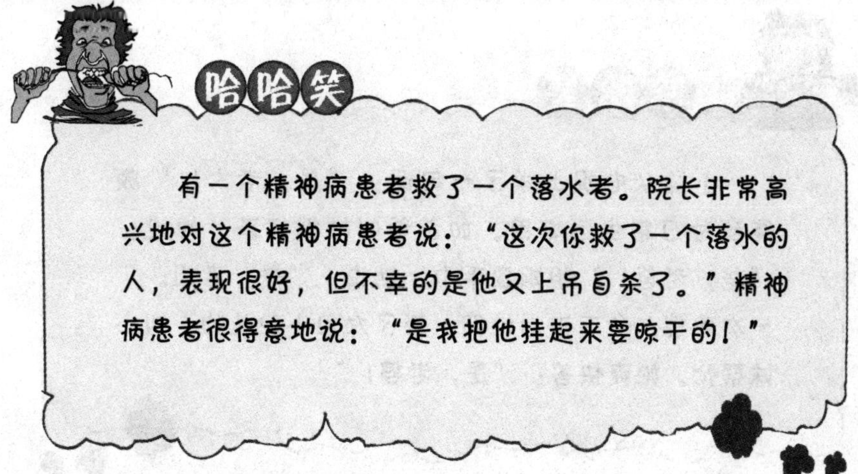

有一个精神病患者救了一个落水者。院长非常高兴地对这个精神病患者说："这次你救了一个落水的人，表现很好，但不幸的是他又上吊自杀了。"精神病患者很得意地说："是我把他挂起来要晾干的！"

570. 有爷俩、娘俩和兄妹俩，只有6个烧饼，但却每人分得了两个，这是为什么？

【帮你一把】想想你的亲戚。

571. 你知道世界上什么东西既不怕晒也不怕湿吗？

【帮你一把】它时刻伴随着你。

572. 女王说："原来有个弟弟胆子很小，一点受不了惊吓，有天夜里弟弟又做了恶梦，梦见敌国的武士冲入皇宫，将剑刺入他的心脏。弟弟受到这个惊吓，在梦中就死去了。"你相信她说的话吗？

【帮你一把】真有"做梦死"吗？

573. 盆里有6只馒头，6个小朋友每人分到1只，但盆里还留着1只，为什么？

【帮你一把】这可不是数学题哟！

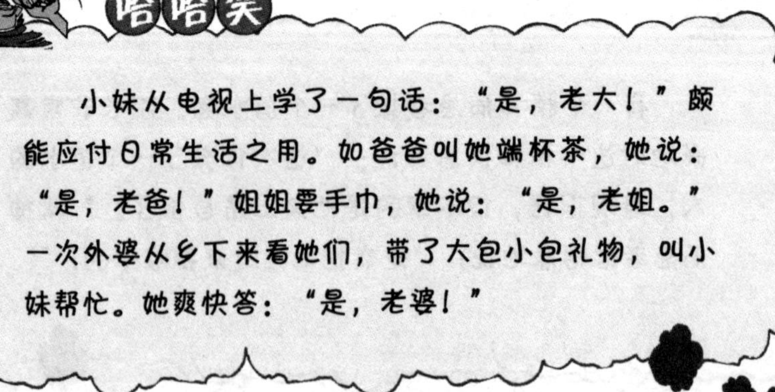

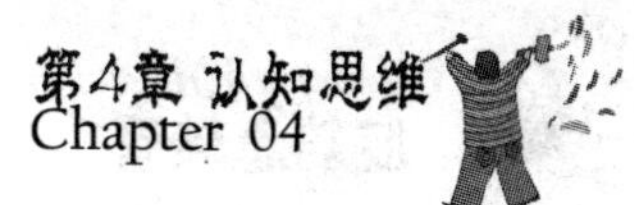

574.有十支蜡烛，你吹灭了三支，还有几支？

【帮你一把】注意，只是“吹灭”。

575.漆黑的夜晚，老王在家看书，看着看着，他的妻子说：“太晚了，关灯睡觉吧。”就把灯关了。可老王理也不理继续看书，还一直把书看完了，这是怎么回事？

【帮你一把】看什么书不用光线的帮助呢？

576.汽车在右转弯时，哪一只轮胎不转？

【帮你一把】往哪转，这个胎都不转。

577.桥下只能限高十米，但是船上的货物刚刚超过十米，你该怎么办呢？

【帮你一把】桥是不会降低的。

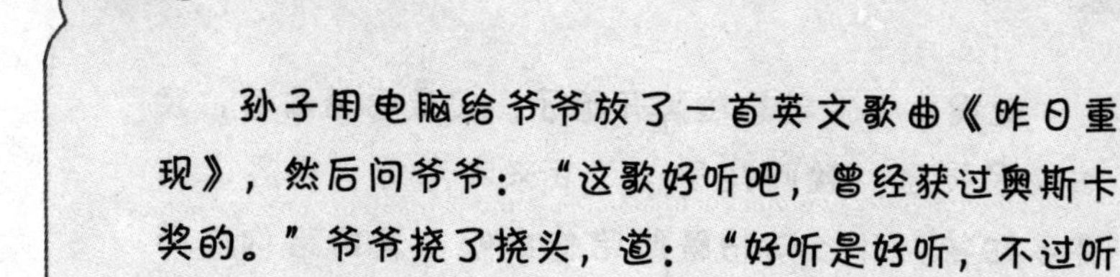

哈哈笑

孙子用电脑给爷爷放了一首英文歌曲《昨日重现》，然后问爷爷：“这歌好听吧，曾经获过奥斯卡奖的。”爷爷挠了挠头，道：“好听是好听，不过听口音不像本地人啊！”

578. 有时候，没有受过正式教育的人反而容易理解问题。各位请看：1、12、1、1、1、2……接下来的数字该是几呢？

【帮你一把】这串数字能让你睡不着觉。

579. 晴朗的天空，为什么没有太阳？

【帮你一把】太阳什么时候出现呢？

580. 请在括号内填一个数，使下面式子能成立：98765432×（　　）＝888888888。

【帮你一把】这是脑筋急转弯，没让你动笔算！用心算试试。

581. 为什么人们甘心情愿买假的东西？

【帮你一把】“假的东西”未必是假冒伪劣的东西。

582. 有三个小朋友在猜拳，一个出剪刀，一个出石头，一个出布，请问三个人共有几根指头？

【帮你一把】和他们出什么没关系。

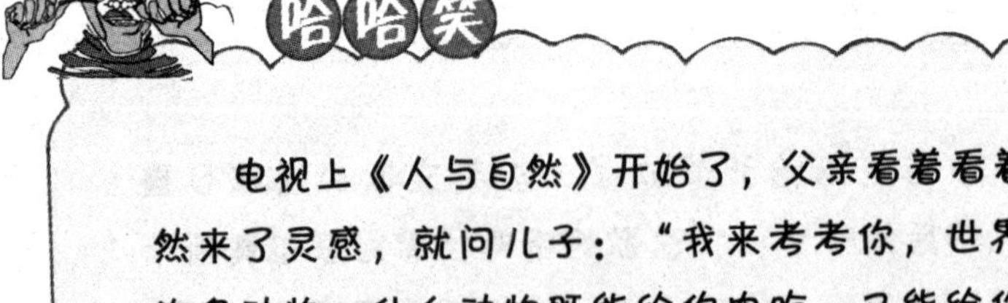

电视上《人与自然》开始了，父亲看着看着，突然来了灵感，就问儿子：“我来考考你，世界上有许多动物，什么动物既能给你肉吃，又能给你皮鞋穿？”儿子想了一会儿，肯定地回答：“是爸爸！”

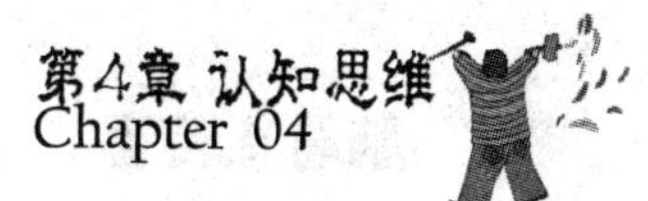

583. 人能登上珠穆朗玛峰，有一个地方却永远登不上。那是什么地方？

【帮你一把】放眼四周，动动脑筋。

584. 如果苹果没落在牛顿头顶上，会落到哪里？

【帮你一把】肯定不是你的嘴上。

585. 如何从一半是水，一半是油的缸中取水不取油？

【帮你一把】油总是浮在水的上面。

586. 有人想把一张细长的纸折成两半，结果两次都没折准：第一次有一半比另一半长出一厘米；第二次正好相反，这一半又短了一厘米。试问：两道折痕之间有多宽？

【帮你一把】把平面变成立体，答案就出来了。

母亲对儿子说：“凡是重要的东西都应该锁在箱子里，才能保险不遗失。”儿子记住了这句话。过了几天，母亲却怎么也找不到钥匙了。儿子连忙说：“妈妈，钥匙在箱子里面呢！您说钥匙总该是重要的东西吧，所以我把它锁起来了！

587. 萨维在电影院看电影时，为什么每次看的都是不连贯的电影？

【帮你一把】那会儿他的眼睛在干吗呢？

588. 三个人要过公路，当时没有任何车辆通过，但走到一边人行道上的只有两个人，请问另一个人哪里去了呢？

【帮你一把】是一起过吗？

589. 三个小朋友各买了一双相同的鞋，为什么他们穿的鞋还是不一样？

【帮你一把】注意，只是“买”。

590. 师长要在最勇猛的第一班中挑选敢死队员，就下令志愿者向前一步，大兵阿德原地不动，为什么却光荣入选？

【帮你一把】想想其他人。

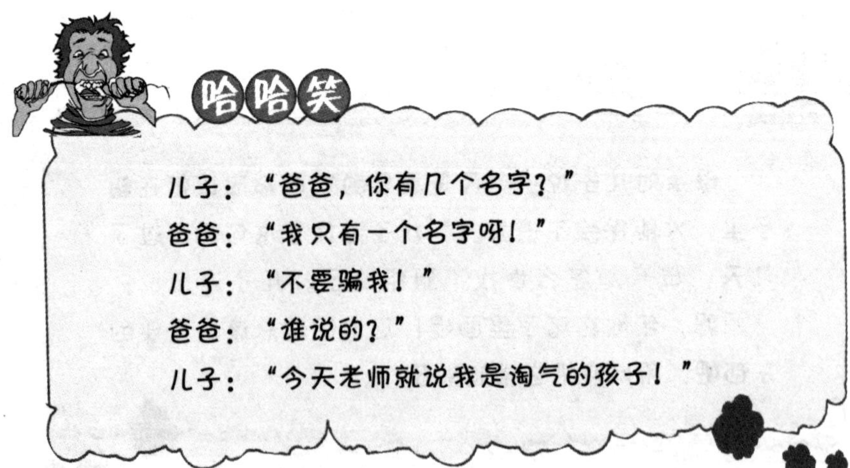

591. 三人共撑一把小伞在街上走，却没有淋湿，为什么？

【帮你一把】什么情况下会被淋湿？

592. 三张分别写有2、1、6的卡片，能否排成一个可以被43除尽的整数？

【帮你一把】思路别被这三个数局限了。

593. 三支点燃的蜡烛搁在纸盒上，一阵风吹来，吹熄了一支，其余两支继续燃烧，最后会剩下几支蜡烛呢？

【帮你一把】注意，是“搁在纸盒上”。

594. 有名偷车贼，某天四下无人时，看到一辆凯迪拉克，他却不动手，为什么？

【帮你一把】小偷什么情况下才动手？

595. 沙漠中最常见的东西是什么？

【帮你一把】沙漠里到处都是……

动动脑

1.他们两人都去了。（打一国家名）

2.更加窘困。（打一国家名）

3.盖图章必用之物。（打一国家名）

答案：1.也门。2.越南。3.印尼。

596. 商店里有一种表比进价还便宜，可商店并没有亏本，钱从哪里来呢?

【帮你一把】这只是诱饵。

597. 上次汤姆过生日是七岁，下次他过生日是九岁，这是怎么回事?

【帮你一把】想想你今年多大，生日是哪天吧!

598. 有两辆汽车以完全相同的速度，分别行驶于紧邻的两条道路上。不久之后，虽然两车都未改变车速，但是B车突然开始超越A车，这可能吗?（两条道路都是直线）

【帮你一把】“两条道路都是直线”，但路不都是平的。

哈哈笑

孩子：“妈妈，我们是上帝养活的吗?”

妈妈：“当然啰，亲爱的。”

孩子：“礼物也是上帝发的?”

妈妈：“那还用说。”

孩子：“那我不明白，我们还要爸爸干什么?”

第 5 章·发·散·思·维·

发散思维是指从一个目标出发，沿着各种不同的途径去思考，探求多种答案的思维。发散思维是一种创造性思维，它的实质就是培养发现新事物、研究新方法、探索新思路、揭示新规律、解决新问题的能力。而回答出一个高难度的脑筋急转弯，需要的恰恰是这些能力。所以，多做一些脑筋急转弯游戏，是培养发散思维的简便易行的方法。俗话说“条条大路通罗马”，只要是最后能找到答案的方法，都是正确的方法。

599. 小吴称赞女朋友的新衣服“十分漂亮”，但却被女友打了一顿，为什么？

【帮你一把】“十分漂亮”代表最漂亮吗？

600. 做什么事时只能用右眼看东西？

【帮你一把】左眼可没瞎啊！

601. 阎罗王嫁女儿，猜三个字？

【帮你一把】阎罗王是什么？

602. 羊不呼吸了，打一成语。

【帮你一把】可以使用谐音字哦！

603. 大象的什么东西最长？

【帮你一把】不是鼻子哟！

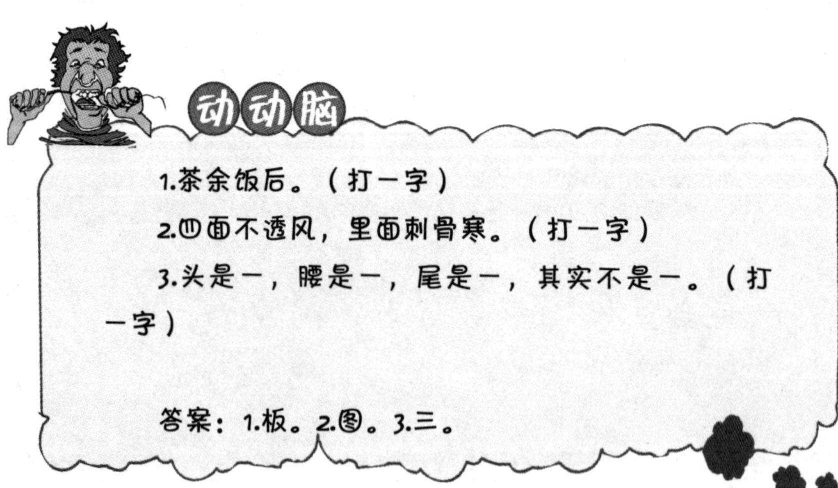

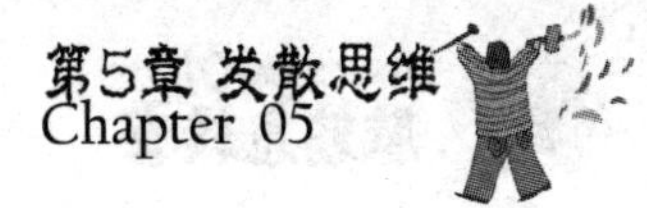

604.一个人死前要做的最后一件事是什么？

【帮你一把】谁都一样。

605.小张住的是楼房，为什么每次出门还要上楼？

【帮你一把】出门要上楼，那下楼肯定就是到家了……

606.小刘住在12层楼里，为什么他每天出入不坐电梯？

【帮你一把】再高的楼，也有不需要电梯的楼层。

607.小宋走路从来脚不沾地，这是为什么？

【帮你一把】看看你的脚，答案自明。

608.演习时，两部同是四吨重的军车在一座桥前停下，后一部已经抛锚，由前一部拖着它。两辆车如何才能通过限重五吨的桥？

【帮你一把】这不是数学题，也不是物理题，考查的是生活常识。

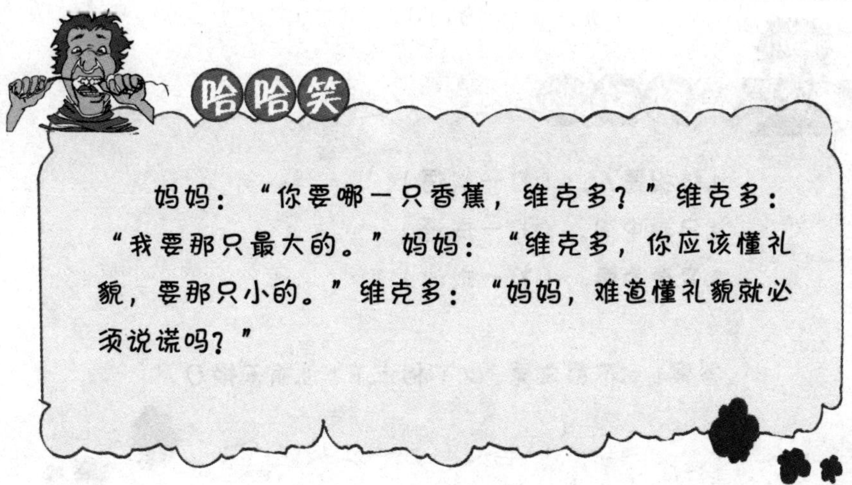

609.“水蛇”“蟒蛇”“青竹蛇”哪一个比较长?

【帮你一把】这只是一个文字游戏罢了。

610.什么样的山和海可以移动?

【帮你一把】答案在一个成语里。

611.什么问题是人人知道而答“不知道”的?

【帮你一把】答案就在题目里。

612.一个男人加一个女人会成了什么?

【帮你一把】不要想复杂了哟!

613.新版的纸币,竟然印得不一样,为什么?

【帮你一把】同等面值的同版货币,靠什么相互区别呢?

614.对“好马不吃回头草”最合乎逻辑的解释是什么?

【帮你一把】要吃到草的前提是什么?

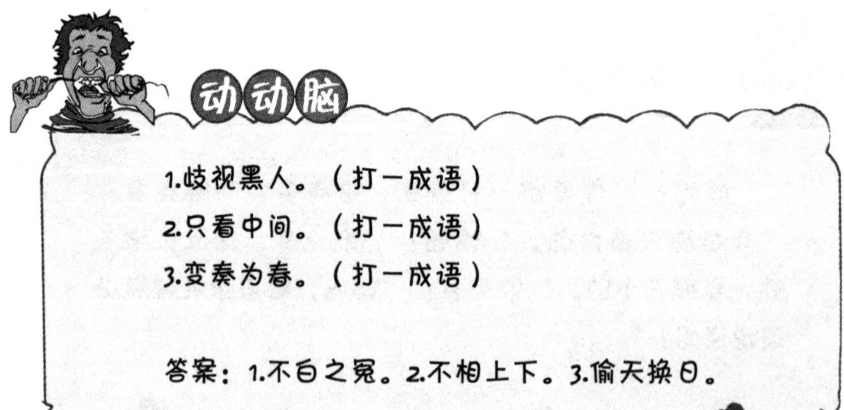

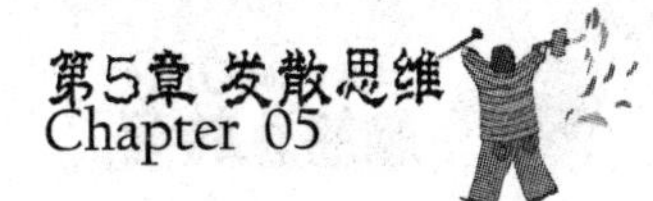

615. 徐先生犯了一个大错误。当他在太太面前掏口袋的一刹那，一些口袋内的酒吧火柴盒、未中奖的彩票，以及旧情人的照片等，均散落一地。他在慌张之余，为了避免吵架，双手各遮起一件东西。请问，他所遮起最有效的东西是什么?

【帮你一把】别忘了，他只有两只手啊!

616. 房间里有三个人，后来全部走了，可是房间里还有两个人，怎么回事?

【帮你一把】在“全部走了”上做文章，肯定不是三个人都走了的意思。

617. 什么线看得见，抓不着?

【帮你一把】你眼前就有。

618. 什么妖怪，大家都不害怕?

【帮你一把】或许是你的口头禅。

哈哈笑

大刚的父亲拿着望远镜往远处看，大刚在旁边问道：“爸爸，望远镜有什么用处啊？”“能够把远处的树木引到近处来。”父亲回答说。“那么您听到树上的鸟叫没有？”大刚又问。

619. 为什么有的果树生长十几年也不结一个苹果?

【帮你一把】什么树上会结苹果?

620. 什么是在废除死刑制度之后的民主、法治国度里，授予医生的一种宣判死刑的特权?

【帮你一把】被宣判死刑的人，除了犯人，还有什么人?

621. 什么样的人最喜欢长发?

【帮你一把】他的工作和长发有关。

622. 世界人口最多的是哪天?

【帮你一把】想想西方社会都有什么节日。

623. 小军只会花钱，天天花很多钱，可最后却成了百万富翁，为什么?

【帮你一把】“百万富翁”的钱是最多的吗?

爸爸：“孩子，你应该多吃些西红柿，西红柿所含的维生素对身体有很大的好处。”

女儿：“爸爸，西红柿的维生素，对它本身有益处吗?”

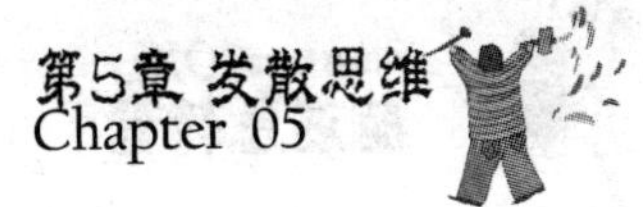

624.小偷最怕碰到的是哪个机关？

【帮你一把】这个“机关”专治小偷。

625.肖明一向心直口快，什么事竟然会让他突然变得吞吞吐吐起来？

【帮你一把】“吞吞吐吐”不是光用于形容说话的。

626.休息的作用是为走更远的路，那么补考的作用是什么？

【帮你一把】类比一下，会产生“黑色幽默”的效果。

627.牙医靠什么吃饭？

【帮你一把】其实人人都一样。

628.一个人被老虎穷追不舍，突然前面有一条大河，他不会游泳，但他却过去了，为什么？

【帮你一把】在“过去了”上做文章。

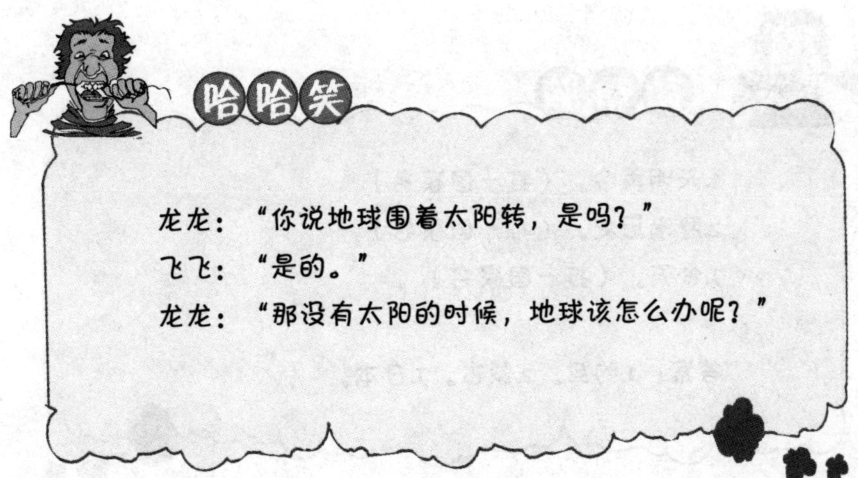

629.一个人没有前辈，为什么他有后辈？

【帮你一把】在“后辈”上做文章。

630.刚达成心愿买了新房子的父亲对不讲卫生的儿子大柱斥责道：“你再这么脏下去，我们家会变成微菌的窝喔！因为微菌会以尘埃、垃圾或头皮为食物呢！”但是大柱却表示：“照爸爸这样说，根本不必打扫嘛！”究竟大柱的想法是什么？

【帮你一把】他很会用“发展”的眼光看问题。

631.一个推车的，一个挑担的，同时要过独木桥，一个南来，一个北往，有什么办法让他们同时过？

【帮你一把】“南来”和“北往”究竟是什么意思呢？

632.一个圆有几个面？

【帮你一把】什么事物的“面”都可以这样回答。

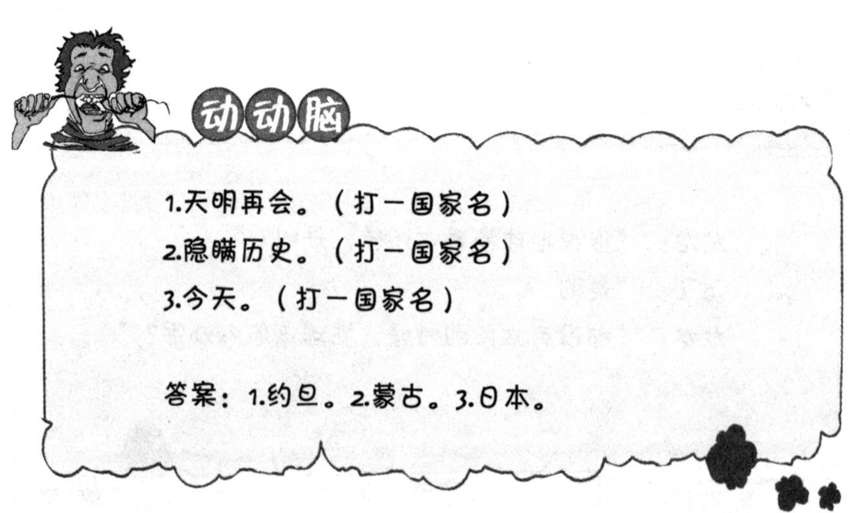

633. 国王有一个神灯，里面有个妖怪。国王的女儿爱上了阿拉丁，但是国王不赞成他们结婚。不过国王不想让女儿伤心。有一天，他擦拭着神灯，和妖怪商量办法。国王说他要和女儿一起去拜访阿拉丁，让妖怪出主意考验一下是否值得将女儿嫁给阿拉丁。这时阿拉丁正好经过，听到了国王和妖怪的计划。妖怪说："我提供两个信封给阿拉丁，让他选择自己的命运。我们可以告诉他一个信封里写着'结婚'，另一个信封里写着'终生流放'。阿拉丁必须选择其中的一个，但是我可以将两个信封里都写成'终生流放'。"阿拉丁怎样才能解开妖怪和国王的诡计？

【帮你一把】你知道"否定之否定"的原理吗？

634. 一家洗衣店招牌写着"24小时交货"，今天小高拿衣服去洗，为何老板说要三天后才能拿到？

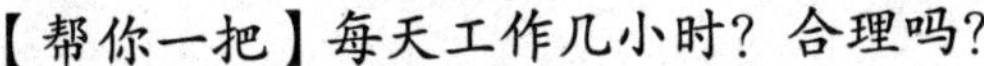

【帮你一把】每天工作几小时？合理吗？

两个男孩在交谈：

——听说，我们的祖先没有电，没有收音机，也没有电视，我不明白，他们怎么生活。

——所以，他们都已经死了。

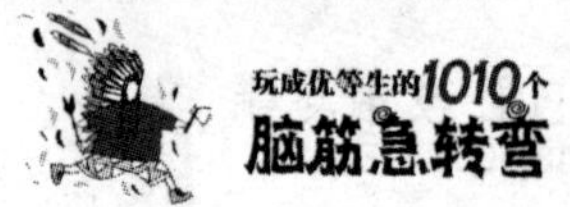

635. 猩猩最讨厌什么线?

【帮你一把】和它最爱吃的食物有关。

636. 什么人每天靠运气赚钱?

【帮你一把】在“运气”上做文章。

637. 什么食品东、南、西、北都出产?

【帮你一把】往水果上想想。

638. 什么水要按计划发放?

【帮你一把】上班的人最关心这种水。

639. 一只普通手表刚掉到大海里，会不会停?

【帮你一把】在“停”上做文章。

儿子向妈妈告状：“小狗把我的皮鞋咬破了。”妈妈：“要狠狠地惩罚它一下。”儿子：“我已经惩罚过它了。我把狗盆里的牛奶全喝光了，让它饿一天，看它下次还敢不敢这样。”

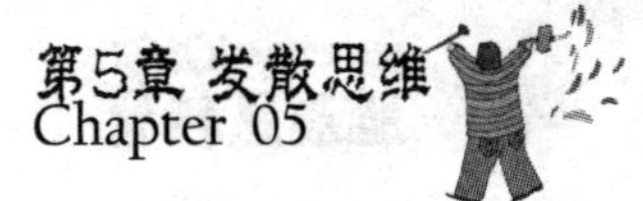

640.遗照与玉照有什么联系?

【帮你一把】从功能上把二者联系起来。

641.永远也写不好的字是什么字?

【帮你一把】这不过是个文字游戏罢了。

642.用哪三个字可以回答一切问题?

【帮你一把】你要是答不上，很可能就顺嘴把答案说出来了!

643.电视对人类最大的贡献是什么?

【帮你一把】怎样才能正好看到喜欢的电视节目呢?

644.用什么方法可以使人不喝水?

【帮你一把】这不过是个文字游戏罢了。

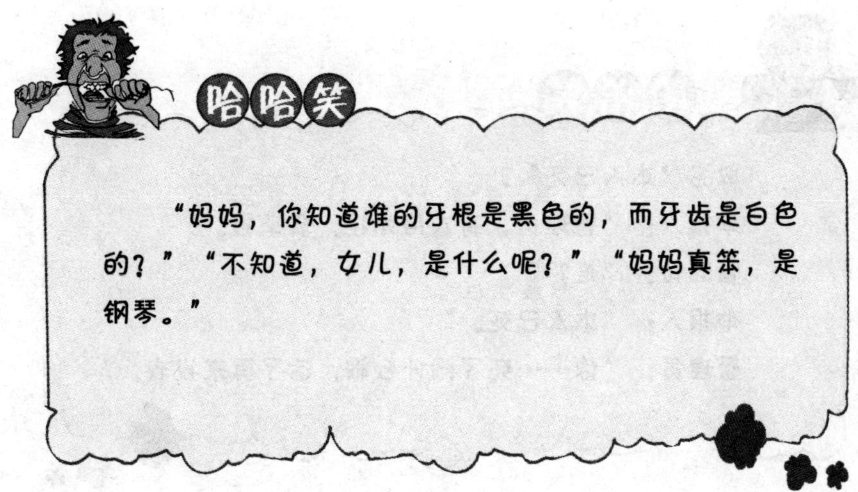

“妈妈，你知道谁的牙根是黑色的，而牙齿是白色的?”“不知道，女儿，是什么呢?”“妈妈真笨，是钢琴。”

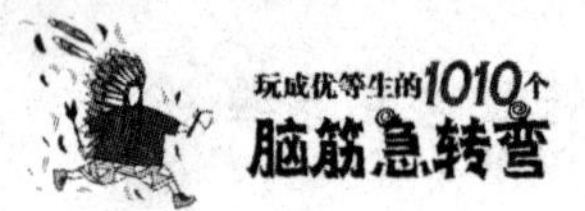

645. 有个人不是官，却负责全公司职工干部上上下下的工作。这个人是干什么的？

【帮你一把】在“上上下下”上做文章。

646. 有一个瞎子快走到悬崖边时，突然转头往回走，为什么？

【帮你一把】正确理解“瞎子”的含义。

647. 有一个字，我们从小到大都念错，那是什么字？

【帮你一把】这不过是个文字游戏罢了。

648. 新《西游记》中，谁最厉害又聪明？

【帮你一把】不是孙悟空，也不是如来佛。

649. 有一根棍子，要使它变短，但不许锯断、折断或削短，该怎么办？

【帮你一把】有比较，才有鉴别。

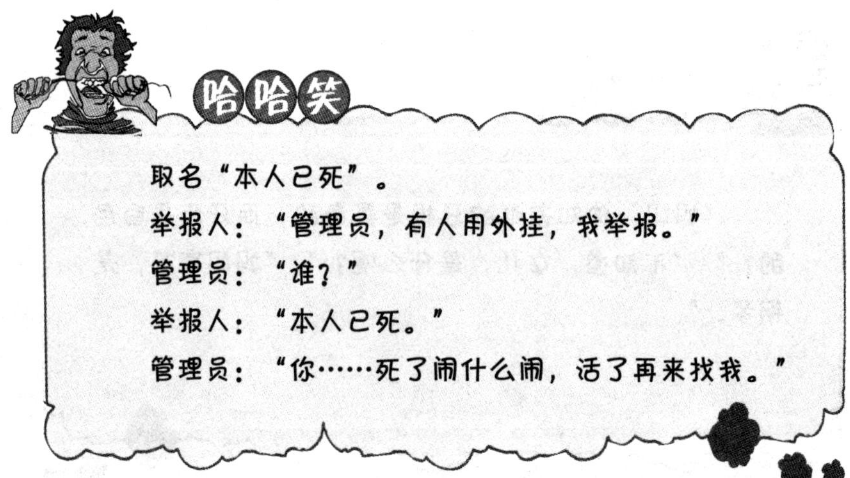

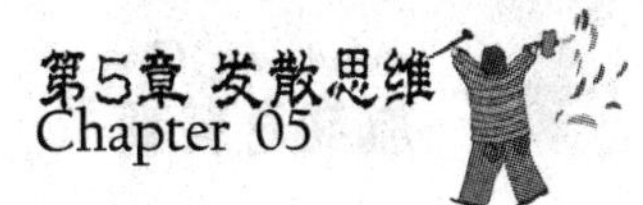

650.有人说杰米写的诗是从书上偷来的，可杰米不承认，他的理由是什么?

【帮你一把】什么叫“偷来”呢?

651.玉皇大帝是男人还是女人?

【帮你一把】他是人吗?

652.动物园的大象死了，为什么管理员哭得那么伤心?

【帮你一把】大象的块头可不小哟!

653.在早餐时从来不吃的是什么?

【帮你一把】不是让你回答是什么食品。

654.住在什么样的家里，脚不出家门就可以上班工作?

【帮你一把】你就在这个“家”中。

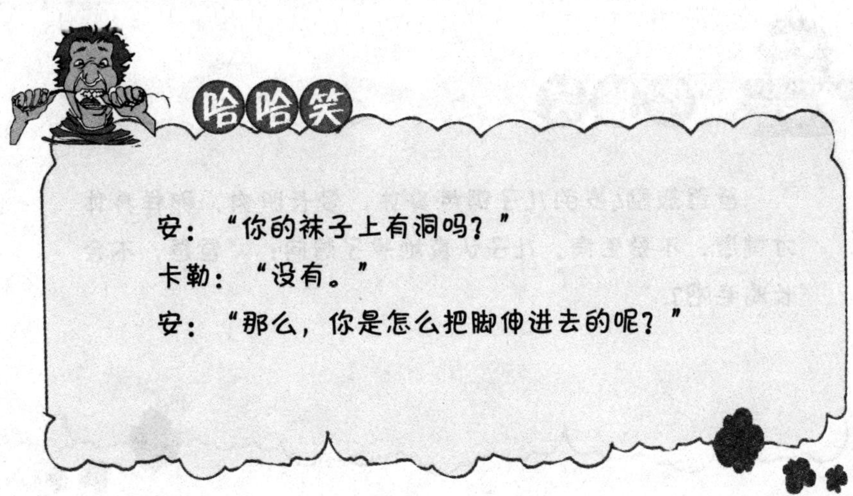

安：“你的袜子上有洞吗?”

卡勒：“没有。”

安：“那么，你是怎么把脚伸进去的呢?”

655.20世纪最出风头的超级巨星是哪一位?

【帮你一把】知道“千年等一回”这句话吗?

656.“不见棺材不掉泪”可以用来形容一个人顽固，你知道什么人是“见了棺材仍然不掉泪”的死硬派吗?

【帮你一把】在“棺材”上做文章。

657.一次，一名长工披着一张羊皮在院子里扫地，财主见到后挖苦道:“你身上怎么长出一张兽皮?”你猜长工怎么回击他?

【帮你一把】以其人之道还治其人之身。

658.羊打电话给老鹰，老鹰接起电话说“喂”，猜一成语。

【帮你一把】想想英文，答案自明。

659.阿丁做起事来总是拖泥带水，为什么却从没被长官处罚过?

【帮你一把】在“拖泥带水”上做文章。

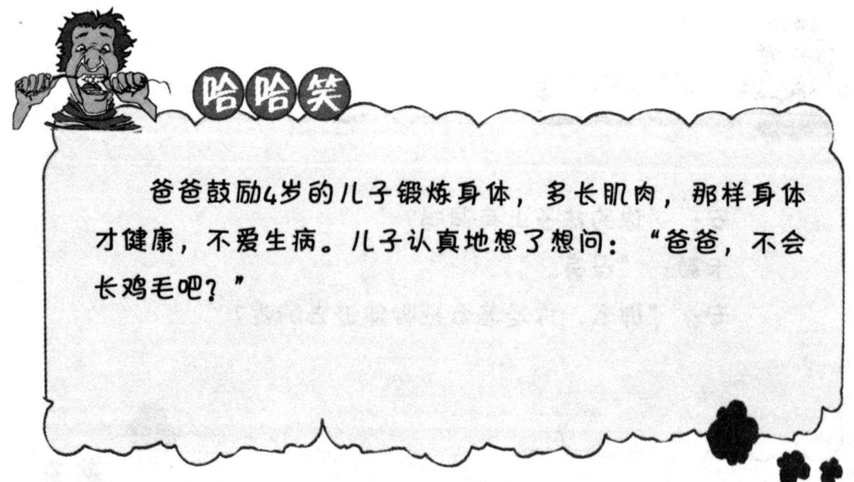

660. 两名大学生争论：学习时可不可以吸烟。由于各执己见，相持不下，他们便一起来问他们的教授。学生甲问道：“教授，我们学习时吸烟行吗？”“不行！”教授生气地说。学生乙则向教授问了一句跟学生甲的问话意思一样的话，教授听了则说：“那当然可以。”你能想出学生乙是怎样问的吗？

【帮你一把】把两种事物的角度换一换，答案自明。

661. 什么人整天称王称霸？

【帮你一把】不是“霸王”哟！

662. 戴维一家五口外出旅游，说好一人带一瓶饮料，可戴维坚持只带4瓶可口可乐，为什么？

【帮你一把】“饮料”和“可口可乐”是一回事吗？

663. 电脑与人脑有什么不同？

【帮你一把】人最怕脑袋怎样？

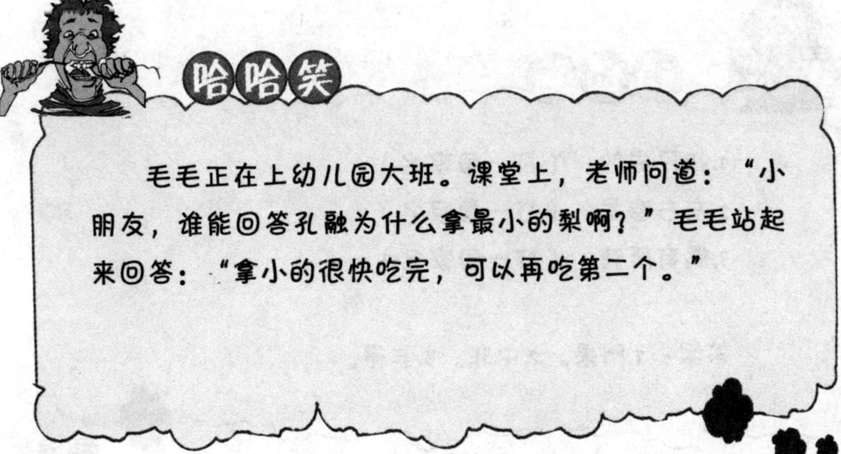

664.给你一本杂志和一个火柴盒，你能使杂志只有三分之一放在桌边而不掉落下来吗?

【帮你一把】注意排除没用的干扰条件。

665.放大镜不能放大的东西是什么?

【帮你一把】正确理解“放大”的含义。

666.某个动物园中，有一只狮子趁管理员一时疏忽，忘记把笼子上锁的机会逃出来，在公园内窜来窜去。人们一边避险，一边找管理员，而管理员却躲到一个更安全的地方。此地为何处?

【帮你一把】最危险的地方，有时候是最安全的。

667.好与坏的中间是什么?

【帮你一把】不是“不好不坏”哟!

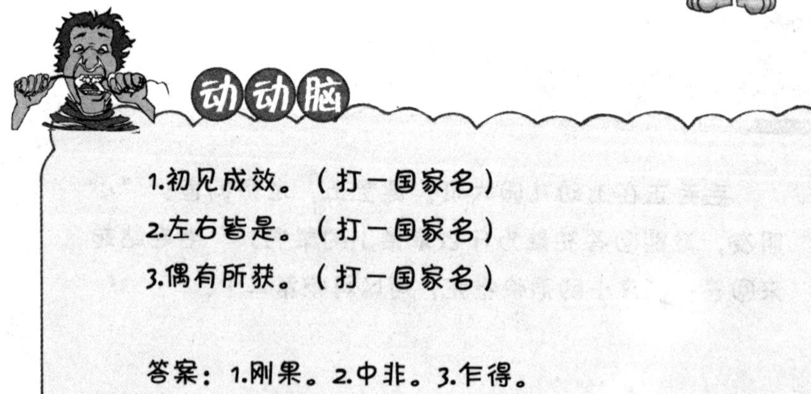

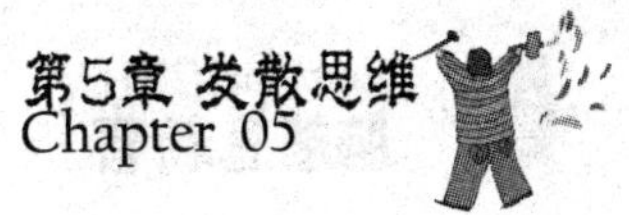

668. 既没有生孩子、养孩子也没有认干娘，还没有认领养子养女就先当上了娘，请问：这是什么人?

【帮你一把】美女容易变成什么“娘”？

669. 观音为什么要坐在金童玉女的中间而不坐在旁边呢?

【帮你一把】“金童”和“玉女”关系太密切会怎样呢?

670. 江家有三个女儿，大女儿、二女儿、三女儿。谁的身材最辣?

【帮你一把】答案在一句俗语中。

671. 空着肚子能吃几个鸡蛋?

【帮你一把】正确理解“空着肚子”的含义。

672. 好心的约翰去世了，天使要带他上天堂，为什么他坚决不肯去?

【帮你一把】在“天”上做文章。

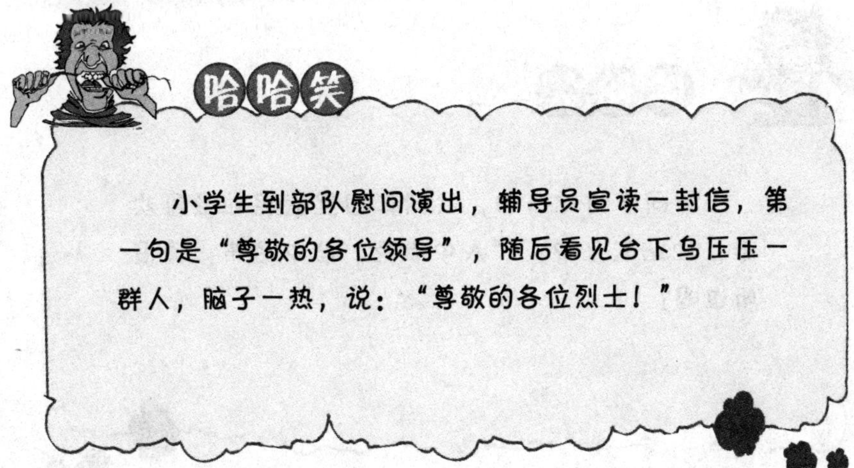

小学生到部队慰问演出，辅导员宣读一封信，第一句是“尊敬的各位领导”，随后看见台下乌压压一群人，脑子一热，说：“尊敬的各位烈士！”

673. 老李是个酒鬼，有一天他去看医生，医生警告他喝酒一次不可超过4杯，为什么老李还是不怕，一次喝了8杯呢？

【帮你一把】8和4有什么样的数量关系？

674. 每对夫妻在生活中都有一个绝对的共同点，那是什么？

【帮你一把】夫妻的标志是什么？

675. 教室中为什么要有讲台？

【帮你一把】从老师的角度考虑一下。

676. 年年有余，为什么钱还是存不起来？

【帮你一把】在“余”的谐音上做文章。

677. 尼克考了500多分，雅克考了600多分，为什么老师认为他们的成绩不相上下？

【帮你一把】总成绩是怎么算出来的？

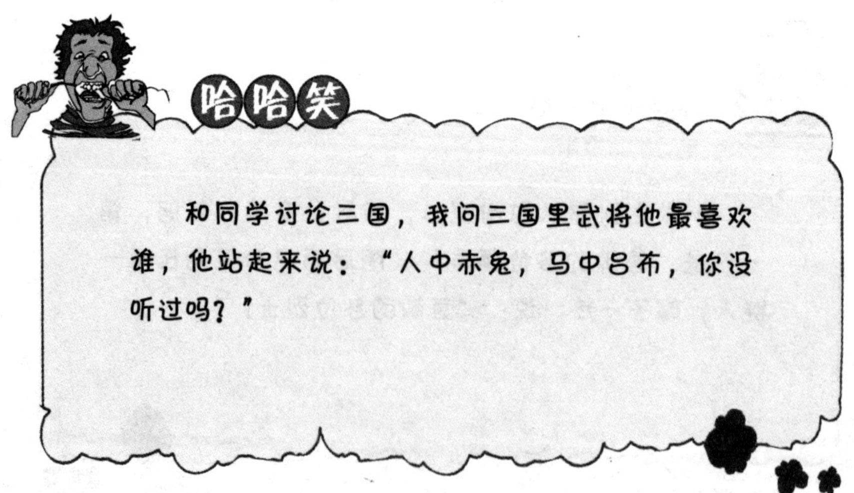

和同学讨论三国，我问三国里武将他最喜欢谁，他站起来说：“人中赤兔，马中吕布，你没听过吗？”

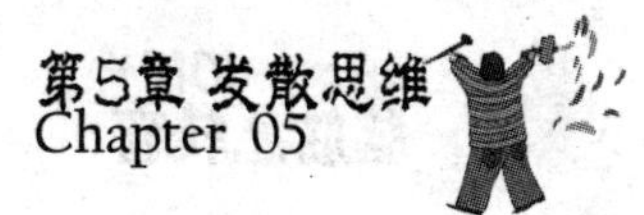

678.萝卜喝醉了，会变成什么？

【帮你一把】有的人喝醉了，外表会有什么变化？

679.可以天天躺在枕头上工作一辈子的是什么？

【帮你一把】可不是人啊！

680.切一半的苹果，跟什么很像呢？

【帮你一把】万变不离其宗。

681.人们最不乐意，却一不小心就会吃上的是什么？

【帮你一把】肯定不是什么好吃的，吃了更不是好感觉。

682.三个苹果吃掉一个，为什么还是剩下三个？

【帮你一把】只是位置变了而已。

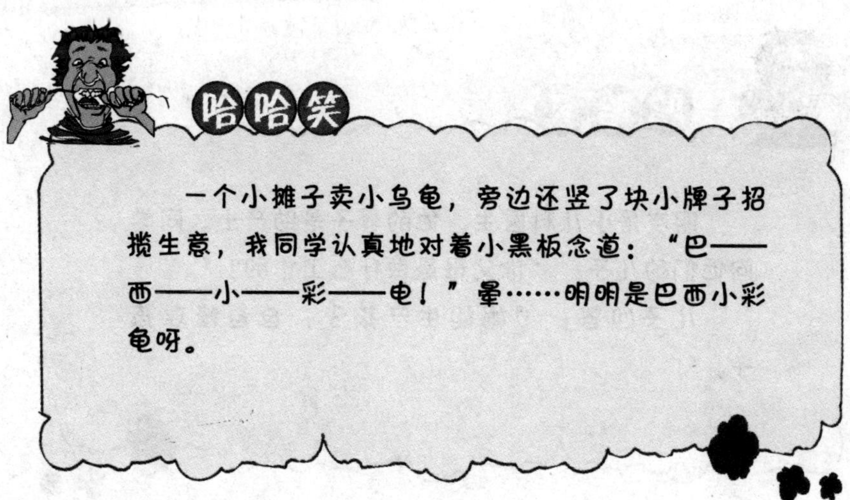

哈哈笑

一个小摊子卖小乌龟，旁边还竖了块小牌子招揽生意，我同学认真地对着小黑板念道："巴——西——小——彩——电！"晕……明明是巴西小彩龟呀。

683. 孔子和孟子的儿子有什么不同？

【帮你一把】这不过是个文字游戏罢了。

684. 什么地方能出生入死？

【帮你一把】什么地方和“生”和“死”联系最密切呢？

685. 什么东西最容易满足？

【帮你一把】在“满足”上做文章。

686. 什么河里从来没有水？

【帮你一把】和历史典故有关。

687. 白天不能开什么车？

【帮你一把】白天的对立面是什么？

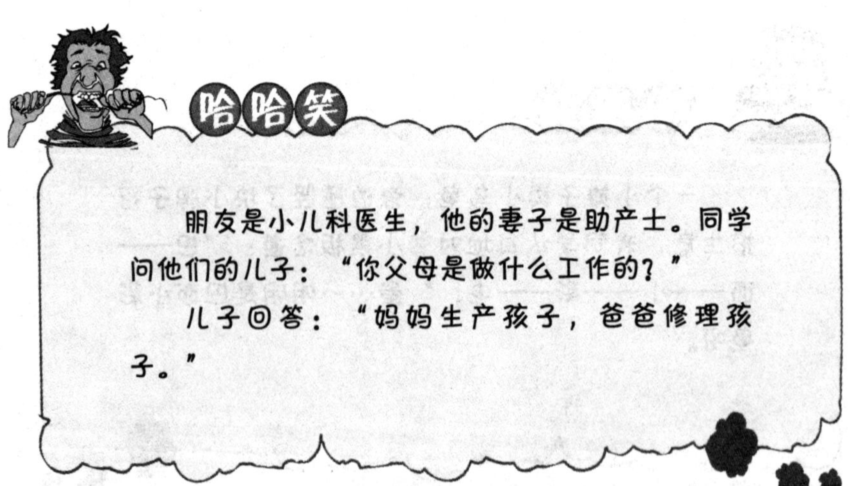

朋友是小儿科医生，他的妻子是助产士。同学问他们的儿子：“你父母是做什么工作的？”

儿子回答：“妈妈生产孩子，爸爸修理孩子。”

688. 有一辆没有开任何照明灯的卡车在漆黑的公路上飞快地行驶，天还下着雨，没有闪电、没有月光也没有路灯。就在这时，一位穿着一身黑衣的盲人横穿公路！在这千钧一发之际，卡车司机紧急地刹车了，避免了一次恶性事故的发生。为什么会是这样？

【帮你一把】“漆黑的公路”是什么意思？

689. 老师出了一道作文，题目是“假如我是个董事长”，同学们都在用心写，为什么小强不动手？

【帮你一把】在“董事长”上做文章。

690. 老鹰的绝症是什么？

【帮你一把】肯定是不能高飞的病。

691. 什么鼠最爱干净？

【帮你一把】在“鼠”的谐音上做文章。

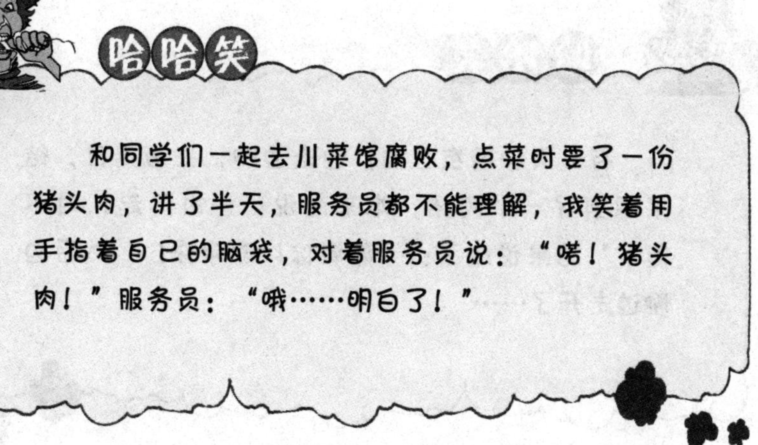

692. 离你最近的地方是哪儿?

【帮你一把】在“地方”上做文章。

693. 小林大手术后换了一个人工心脏。病好之后，他的女友却马上提出分手，为什么会这样?

【帮你一把】在“人工心脏”上做文章。

694.鲁智深倒拔垂杨柳后说的第一句话是什么话?

【帮你一把】这不过是个文字游戏罢了。

695. 马在什么地方不用四条腿照样可以走?

【帮你一把】在“马”上做文章。

696. 蚂蚁、蜜蜂和蜈蚣，哪一种昆虫最不贪钱?

【帮你一把】答案在一句俗语中。

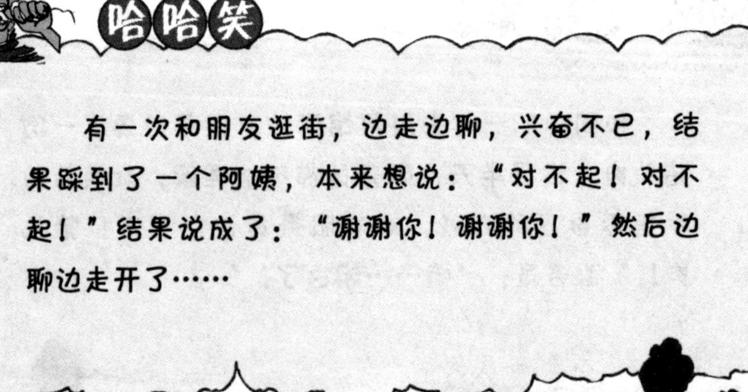

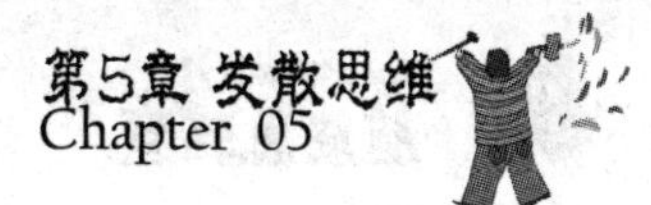

697.一向力大无穷的玛莉小姐骄傲地说：“我只要用一只手便能挡住以时速50公里行进的汽车。”小慧听后随即说道：“你的对象不过是一般的计程车，我一只手便能抵挡大卡车。”小慧究竟是何等能耐之人呢？

【帮你一把】发挥作用的不是力气，是权力。

698.麦克尔·杰克逊为什么要去做漂白手术？

【帮你一把】想想一句和“不白”有关的成语，答案自明。

699.什么花没有根却可以在夜空中开放得绚烂夺目？

【帮你一把】在节日的夜空中经常可以看到。

700.米奇吃下了药，但忘了把药摇匀，达不到最佳效果，他该如何补救？

【帮你一把】有句广告语叫“喝前摇一摇”，那喝后呢？

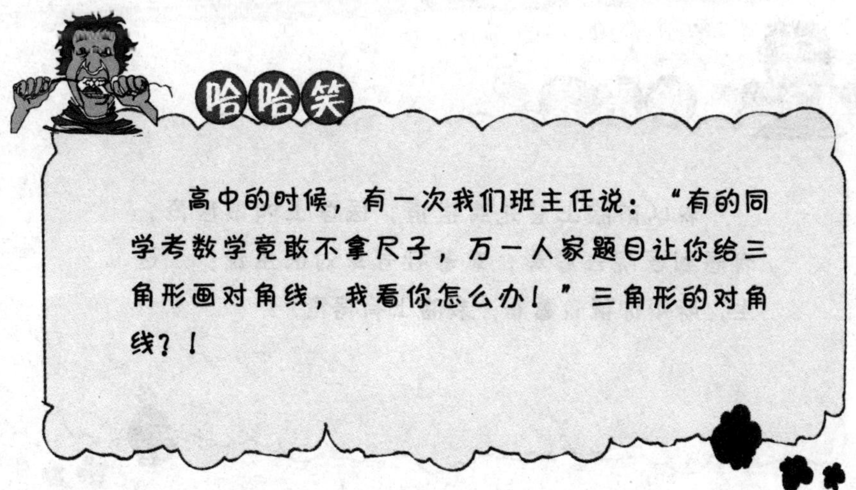

701. 除了厨师，什么人经常把蛋弄坏?

【帮你一把】或许你就是这样的人。

702. 哞哞叫的牛一下水游泳后就不叫了，打一四字成语。

【帮你一把】这个答案也在谜面上，想想谐音字。

703. 蜜蜂叮在挂历上，打一成语。

【帮你一把】答案就在谜面上了，想想同音字。

704. 拿什么东西不用手?

【帮你一把】拿这种东西用脑。

705. 哪一颗牙最后长出来?

【帮你一把】问的不是生理学知识。

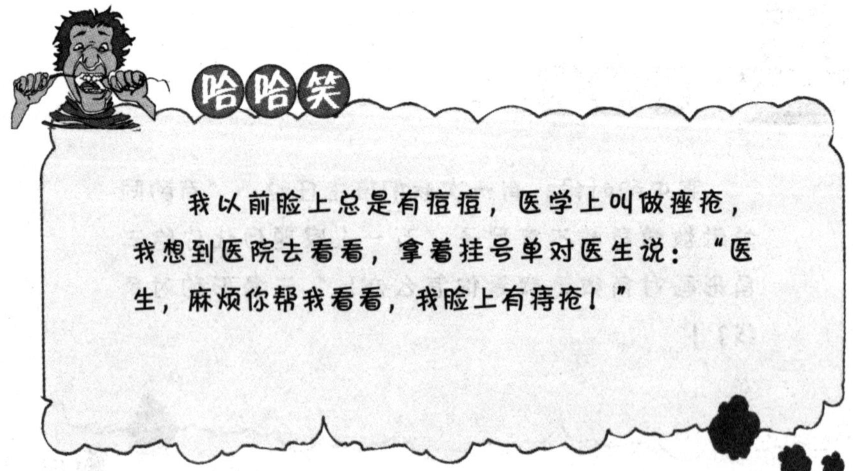

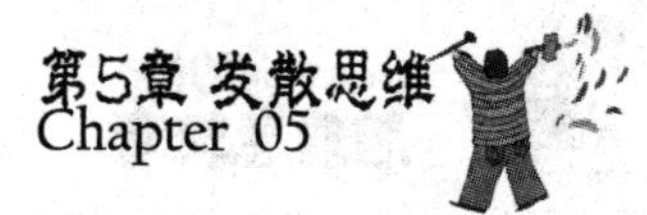

706. 哪一种草的生命力最强？

【帮你一把】想想一些关于草的俗语。

707. 哪一种人最容易走极端？

【帮你一把】什么人生活在地球的“极端”呢？

708. 哪一种死法是一般死囚所欢迎的？

【帮你一把】没人想被处死，无论用什么方式。

709. 一根甘蔗怎样才能平分给三个人吃？

【帮你一把】想想怎么改变物质的状态。

710. 哪种火车车厢最少？

【帮你一把】在“火车”上做文章，其实是个文字游戏。

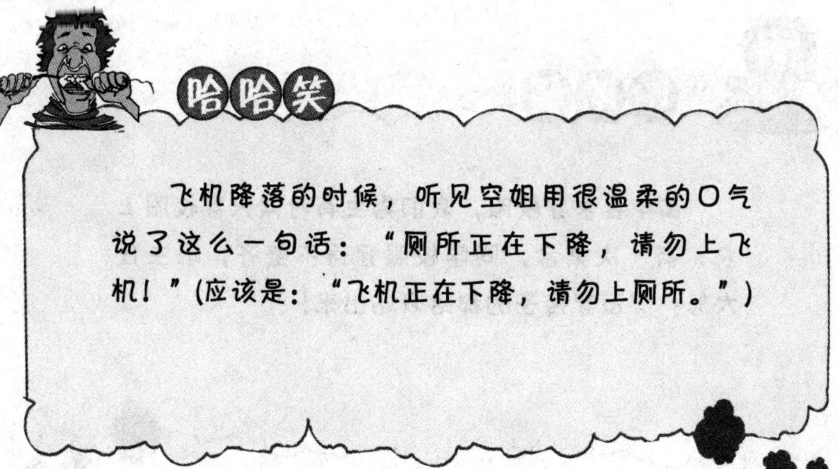

飞机降落的时候，听见空姐用很温柔的口气说了这么一句话：“厕所正在下降，请勿上飞机！”(应该是：“飞机正在下降，请勿上厕所。”)

711. 10除2却不等于5，为什么？

【帮你一把】在“除”上做文章，其实是个文字游戏。

712. 哪种蛇的寿命最长？

【帮你一把】答案在一句俗语中。

713. 哪种竹子不长在土里？

【帮你一把】逢年过节经常用到。

714. 男人在一起喝酒，为什么非划拳不可？

【帮你一把】答案在一句俗语中。

715. 在上海市的同一条街道上，住着三个才艺不相伯仲的裁缝。一个在招牌上写着“上海最好的裁缝”，另一个则写着“中国最好的裁缝”。如果你是第三个裁缝，你会在招牌上写什么？

【帮你一把】注意，是在同一条街道上。

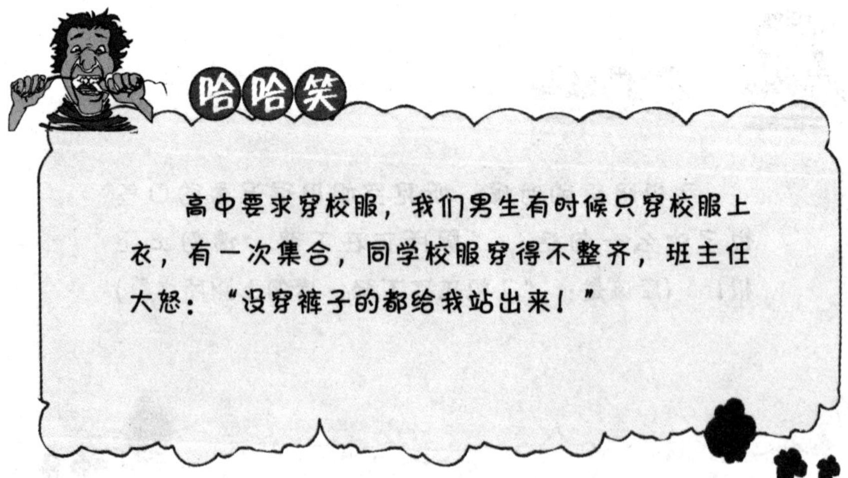

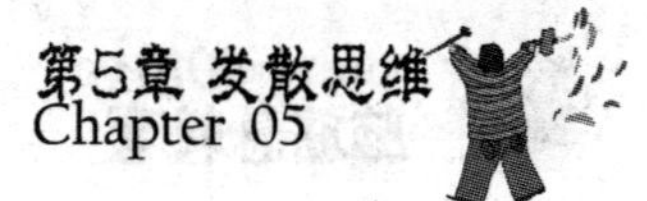

716.阿美在事业上并没有什么成就，为什么也有女强人的外号?

【帮你一把】答案在一句成语中。

717.36个筐，9只船来装，装单不装双，看你怎么装?

【帮你一把】多念几遍，就会发现这不过是个文字游戏罢了。

718.你的身上现在只有一支黑色笔芯的铅笔，你能在一张白纸上写出一个红颜色的字吗?

【帮你一把】有个让你痛苦的办法。

719.在日常生活中，做什么事会出现2加2还是等于2的情况?

【帮你一把】低头看看，答案自明。

720.自己的缺点令自己讨厌是在什么时候?

【帮你一把】就像自己闻不到自己的口臭，却受不了和口臭的人说话。

妈妈向来客夸耀说："集邮真能增加知识，不信，请你听听我的小儿子怎样回答我的问题。"随后她向正在摆弄邮票的小儿子问："埃里克，你说匈牙利在什么地方?"

"在意大利前两页。"埃里克满有把握地说。

721.人在什么时候最舍得出钱?

【帮你一把】肯定那时候有比钱重要得多的东西。

722.你怎么区分东南西北?

【帮你一把】这不过是个文字游戏罢了。

723.什么人最不记仇?

【帮你一把】在“不记”上做文章。

724.请为“5＋5＋5＝550”加上一笔,使得等式成立(不可以改成不等式)。

【帮你一把】不要只盯着数字。

725.请问:将18平均分成两份,却不得9,还会得几?

【帮你一把】这可不是数学题哟!

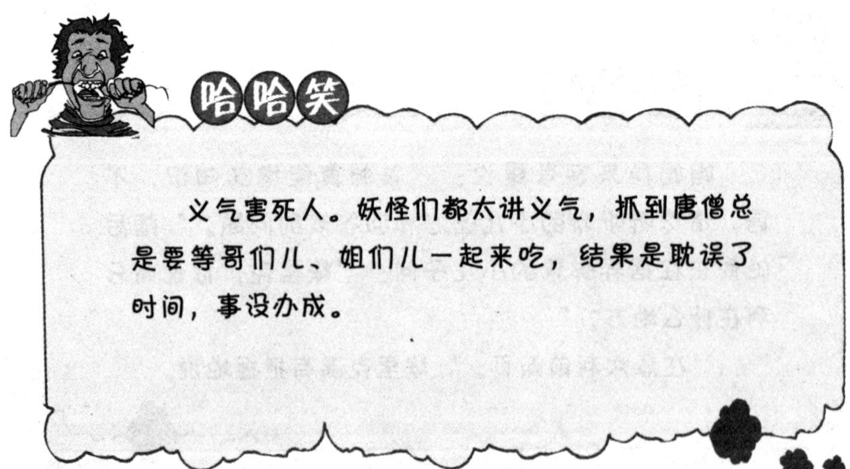

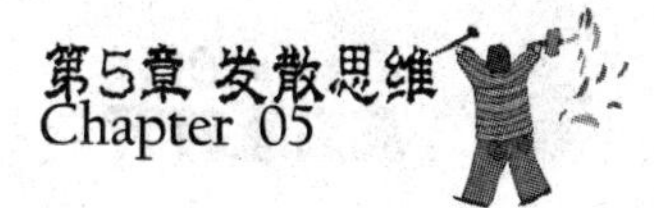

726.穷人和富人在什么地方没有分别？

【帮你一把】什么人在那里都没有分别。

727.人体最大的器官是什么？

【帮你一把】答案在一句成语中。

728.爸爸丢了一样东西，为什么妈妈还特别高兴？

【帮你一把】肯定是不好的东西喽！

729.人为什么要生两只耳朵？

【帮你一把】答案在一句成语中。

730.人在什么时候记忆力最好？

【帮你一把】当然是涉及自己切身利益的时候了。

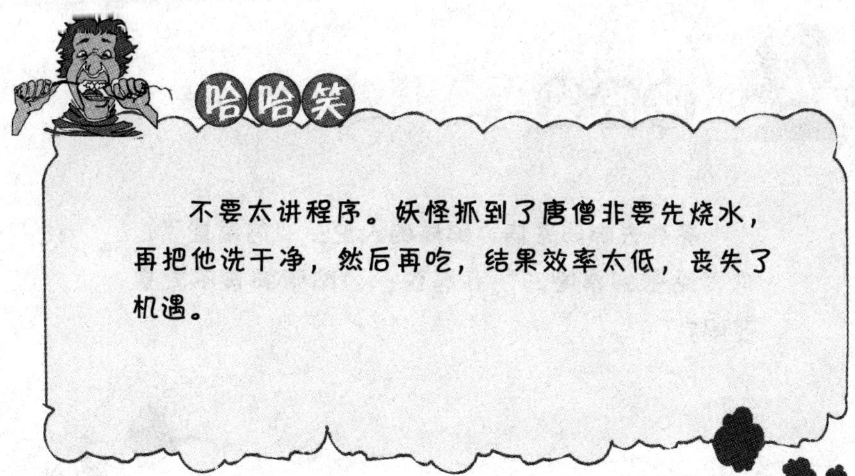

不要太讲程序。妖怪抓到了唐僧非要先烧水，再把他洗干净，然后再吃，结果效率太低，丧失了机遇。

731.如果核战爆发，你认为哪两个地方会人满为患？

【帮你一把】核战争会把人送到哪两个地方？

732.如果有机会让你移民，你一定不会去哪个国家？

【帮你一把】活人还真去不了这个“国家”！

733.有一家电影院，正在放映一部喜剧冒险爆笑片，男主角的动作很滑稽，可是电影院内的观众反而越看越伤心，这是为什么？

【帮你一把】触景生情了。

734.如果有人向你问路，你最怕听到哪一句话？

【帮你一把】你难道不害怕外星人吗？

735.谁无私哺育了许多人？

【帮你一把】在“哺育”上做文章。

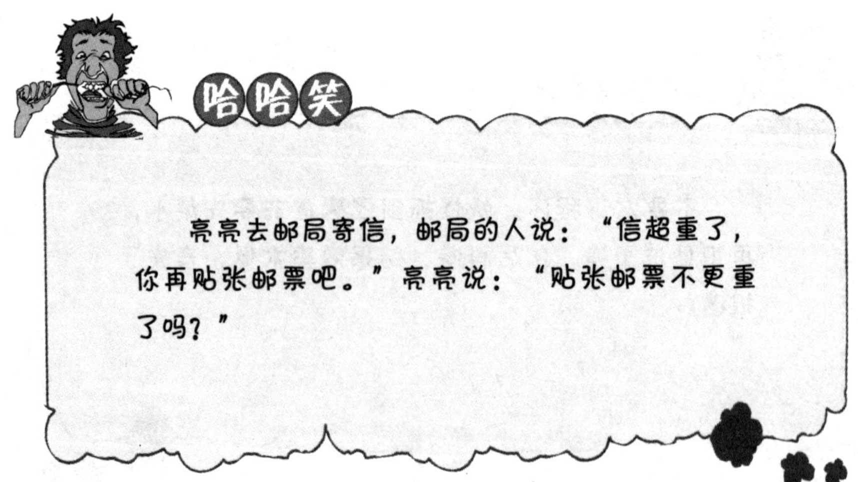

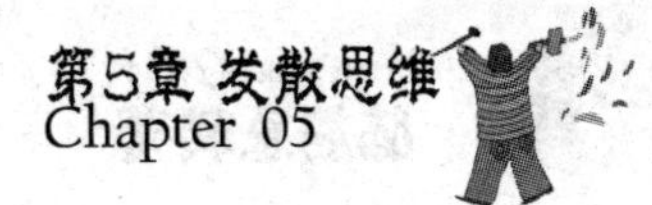

736.失意的Tom跳入河中，可他不会游泳，也没有淹死，为什么?

【帮你一把】这是一条让人幸福的河。

737.施老师嗜书如命。一次，他问我：“怎样看书最快?”我一下子被问住了，你能回答吗?

【帮你一把】在“看”上做文章。

738.什么东西不能用放大镜放大?

【帮你一把】这是一种很抽象的东西。

739.做什么事要无中生有?

【帮你一把】是一类很有科技含量的事。

740.什么东西卖的价格越高越容易成交?

【帮你一把】你或许就卖过这种东西。

谢里：“我们的新邻居一定很穷。”

卡伦：“你怎么知道的?”

谢里：“你要是看见他们的小孩吞下一个便士后他们那个焦急劲儿就知道了。”

741. 什么东西满屋走，但碰不着物件？

【帮你一把】张张嘴就知道答案了。

742. 什么东西越大越没有用？

【帮你一把】在自己身上看看就知道答案了。

743. 什么光完全没有亮度？

【帮你一把】这也是最值得珍惜的一种光。

744. 志明说自己可以一面吹口哨，一面刷牙，你猜他是怎么办到的？

【帮你一把】如果未来你的牙全掉之后，你也能这样。

745. 什么贵重的东西最容易不翼而飞？

【帮你一把】一种高科技产品。

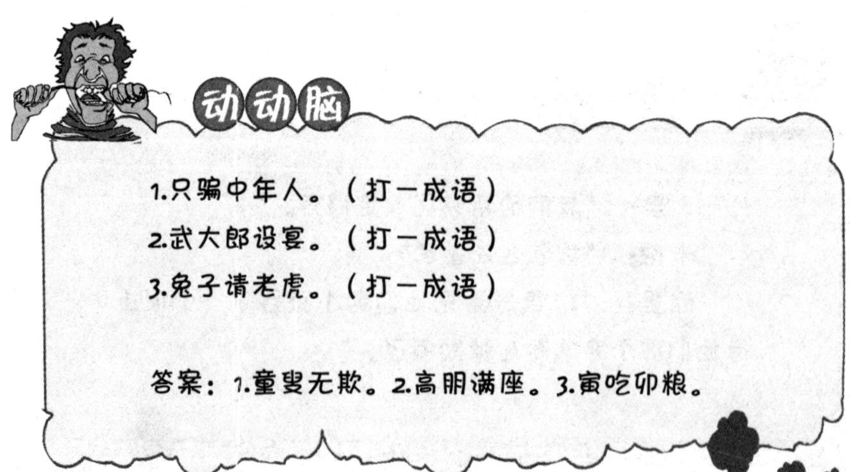

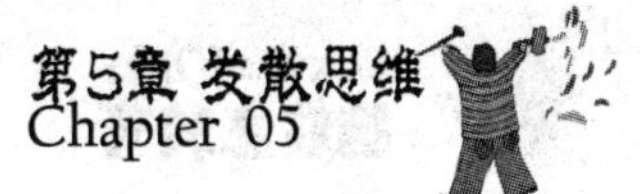

746.什么花很快就不见了?

【帮你一把】一种闪一下就消失的“花”。

747.什么叫“含笑九泉”?

【帮你一把】在“笑”上做文章。

748.什么叫做“缓兵之计”?

【帮你一把】回答这个问题，要在“缓”上做文章。

749.从飞机上掉下的东西打着了人，人却没有受伤，为什么?

【帮你一把】人怎样才能平安地从飞机上“掉”下来?

750.什么酒喝不完?

【帮你一把】答案在一句成语中。

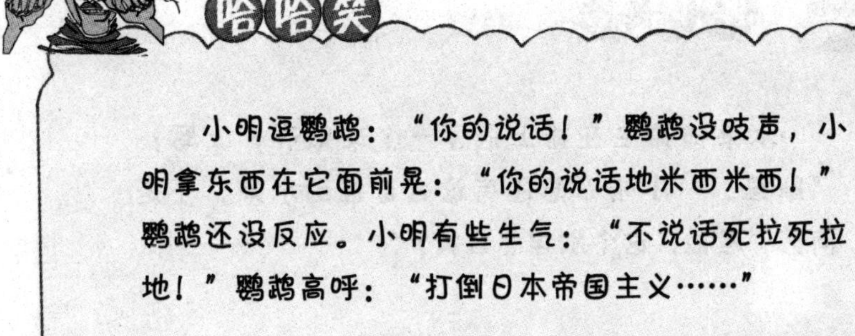

小明逗鹦鹉：“你的说话！”鹦鹉没吱声，小明拿东西在它面前晃：“你的说话地米西米西！”鹦鹉还没反应。小明有些生气：“不说话死拉死拉地！”鹦鹉高呼：“打倒日本帝国主义……”

751.从前的人结婚前都要先查一查对方的三代，现在的人则查什么？

【帮你一把】现在的人都向什么看？

752.什么牛不能耕田？

【帮你一把】这种“牛”的速度相当慢。

753.什么女人从来不洗头发？

【帮你一把】她用洗头发吗？

754.什么球离你最近？

【帮你一把】想想你在什么地方。

755.什么人最喜欢拍照？

【帮你一把】照相机大多都有闪光灯。

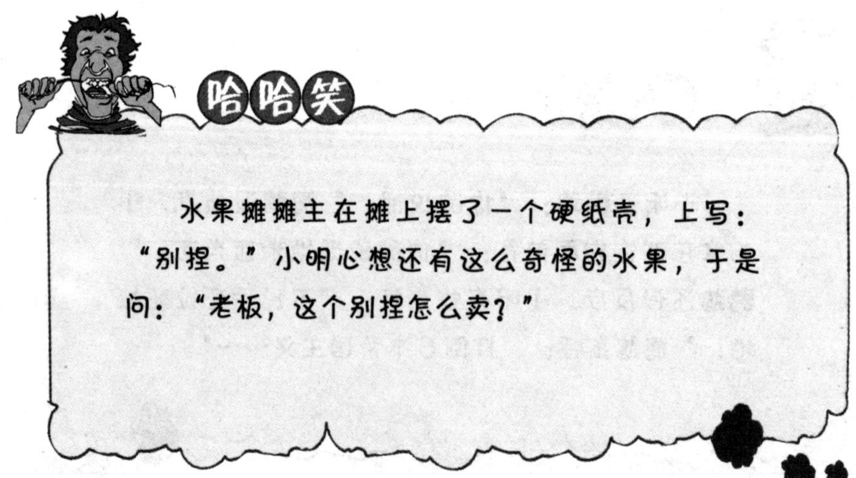

水果摊摊主在摊上摆了一个硬纸壳，上写：“别捏。”小明心想还有这么奇怪的水果，于是问：“老板，这个别捏怎么卖？”

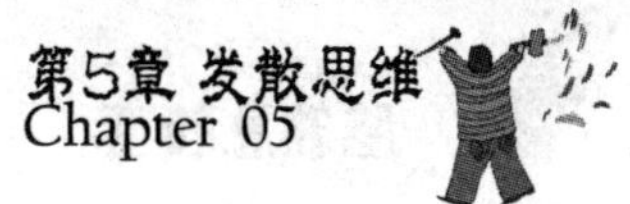

756. 什么人最喜欢日光浴?

【帮你一把】在“光”上做文章。

757. 什么时候太阳会从西边升起?

【帮你一把】这不是地理学问题，是物理学问题。

758. 纸上写着某一份命令。但是，看懂此文字的人，却绝对不能宣读命令。那么，纸上写的是什么呢?

【帮你一把】其实他们是在按命令行事。

759. 什么事情天不知道地知道，你不知道我知道?

【帮你一把】重点在“地知道”上。

760. 什么是“以牙还牙”?

【帮你一把】肯定不是抱负别人。

哈哈笑

第一天，小白兔去河边钓鱼，什么也没钓到，回家了。第二天，小白兔又去河边钓鱼，还是什么也没钓到，回家了。第三天，小白兔刚到河边，一条大鱼从河里跳出来，冲着小白兔大叫：“你要是再敢用胡箩卜来钓鱼，我就扁死你！”

761. 怎样开车才不容易撞坏车头?

【帮你一把】那就撞车尾吧!

762. 什么是倾国倾城貌?

【帮你一把】在“倾”上做文章。

763. 什么数字减去一半等于零?

【帮你一把】两个零合一块是什么?

764. 电话声大作，却不见小华和哥哥去接电话，这是怎么回事?

【帮你一把】声音来自哪里?

765. 什么戏人人都演过?

【帮你一把】也人人都玩过。

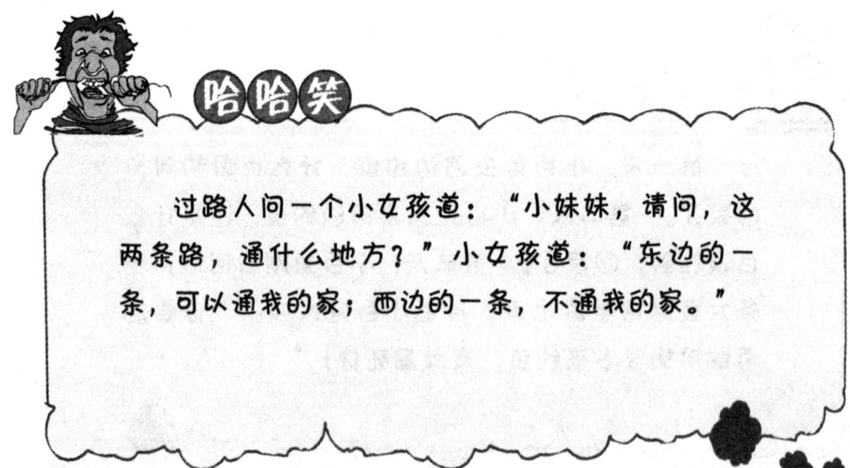

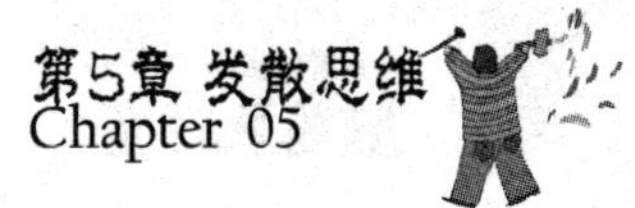

766. 什么样的河人们永远也渡不过去?

【帮你一把】在天上，但不在神话中。

767. 有个成语叫“书香门第”，你知道什么样的书最香吗?

【帮你一把】和“吃”有关。

768. 什么最铁面无私?

【帮你一把】除非你在上面做手脚。

769. 早餐时，大妹吵着要吃蒸蛋，小妹则说要吃煎蛋，妈妈出来打圆场，说了一句话，却让大妹直说妈妈偏心，请问妈妈说了什么?

【帮你一把】在“蒸”上做文章。

770. 世界拳击冠军却很容易被什么击倒?

【帮你一把】人人都容易被它击倒。

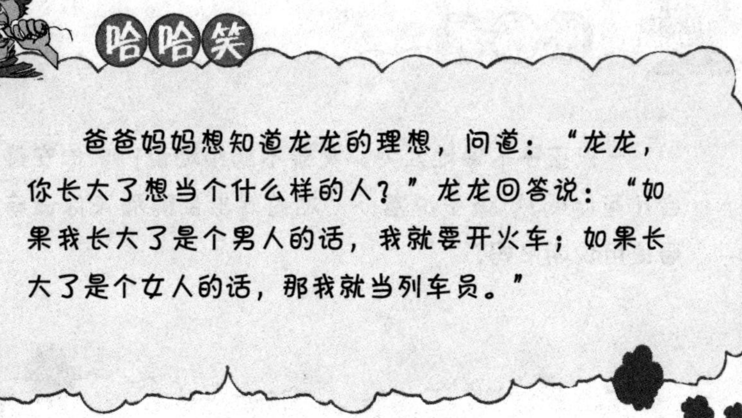

哈哈笑

爸爸妈妈想知道龙龙的理想，问道：“龙龙，你长大了想当个什么样的人？”龙龙回答说：“如果我长大了是个男人的话，我就要开火车；如果长大了是个女人的话，那我就当列车员。”

771.飞行员从来不吃哪一种食物?

【帮你一把】飞行员最怕什么?

772.世界上什么没有标价?

【帮你一把】人们常说黄金有价而什么东西无价呢?

773.世界上什么最大?

【帮你一把】它会让你目“空”一切。

774.世界上最洁净的“球”是什么球?

【帮你一把】在“洁净”上做文章。

775.世上什么东西比天更高?

【帮你一把】答案在一句成语中。

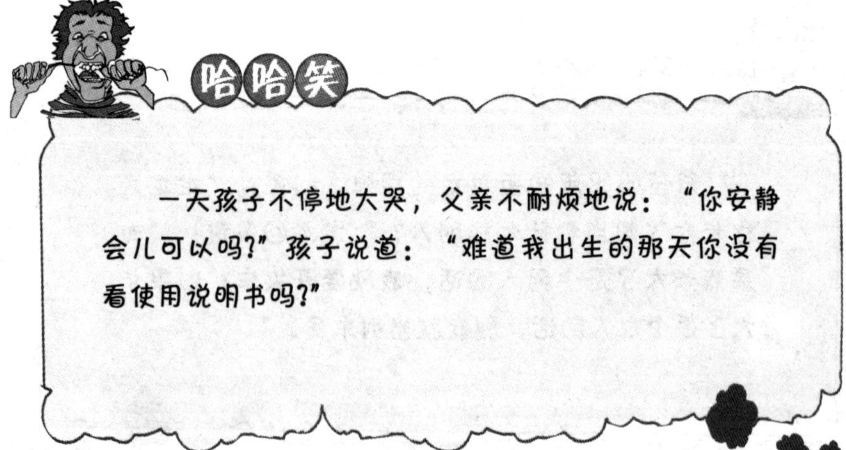

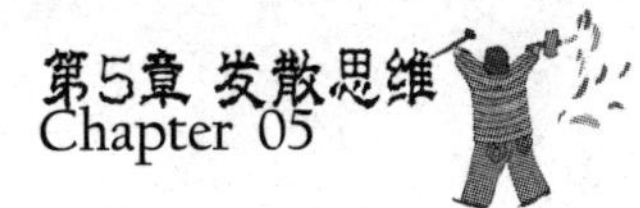

776.富兰克林在雷雨中放风筝时说了什么?

【帮你一把】他遭到电击了。

777.书呆子买了一本书，第二天他妈妈却发现书在脸盆里，为什么?

【帮你一把】脸盆里的水会改变他对书的印象吗?

778.谁成天乐得合不拢嘴?

【帮你一把】你在旅游时或许看到过他。

8岁的女儿拿着美容膏，指着标签忧虑地问妈妈：“如果这是真的，我会出什么事呢?”“标签上写着什么呢?”“我能使你看起来年轻10岁。”

第6章·创·新·思·维·

脑筋急转弯因其答案的隐蔽性和多种可能的选择性，可以开发我们的智力和思维方式，帮助我们多视角地看待世界，打开解决问题的思路，激发我们的创新思维。创新思维是指对事物间的联系进行前所未有的思考，从而创造出新事物的思维方法，是一切具有崭新内容的思维形式的总和。

脑筋急转弯是一种头脑体操，很多情况下，解题者不得不中断推理思路，为得到最佳关联重新整理整个命题，通过突破常规思维，推理出正确答案。因此，创新思维在脑筋急转弯中有广阔的存在土壤。

779. 什么东西可以给你用来等待明天？

【帮你一把】你会在什么地方“等待明天”？

780. 7加7等于14，还能等于多少？

【帮你一把】这可不是简单的数学题哟，需要发挥创新思维。

781. 离婚的主要起因是什么？

【帮你一把】在“起”上做文章。

782. 后脑勺受伤的人怎样睡觉？

【帮你一把】什么人睡觉都一样。

783. 教室里有桌子和椅子各40张，张三每两分钟能抹一张桌子和一张椅子，那么两小时他能抹多少张桌子和椅子？

【帮你一把】这不是需要计算的数学题哟！看看前提！

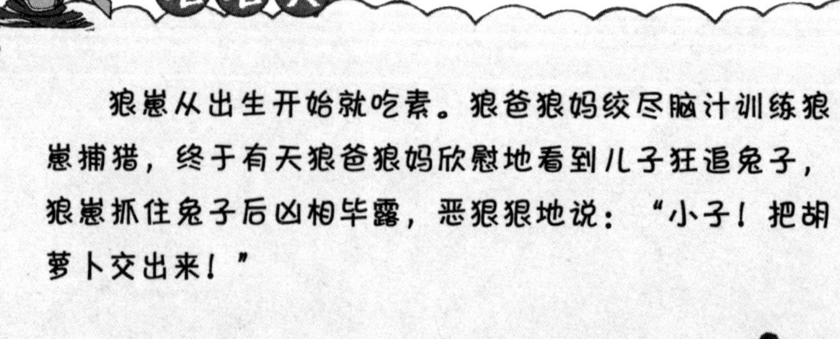

784.一个富翁请画家给他画一幅富贵竹的画。画完后，富翁见一棵富贵竹画在纸边上，只剩半棵，不见另外半棵，于是不满地说：“这棵富贵竹不全，那不就是‘富贵不全’吗？我怎么能把这‘富贵不全’挂在家里呢？” 画家听了便做了一个解释，结果不必改动一笔一画，就使富翁转怒为喜，高高兴兴地接受了这幅画。你能想出画家的解释吗？

【帮你一把】在“边上”做文章。

785.什么动物头像大象，脚也像大象，但不是大象？

【帮你一把】万变不离其宗。

786.什么人的手上有六个指？

【帮你一把】答案不是“六指人”哟！

787.有很多张嘴巴的蛇是什么蛇？

【帮你一把】答案在一句成语中。

动动脑

1.颜料展览。（打一国家或地区名）

2.爱看斗牛。（打一国家或地区名）

3.兄长不少。（打一国家或地区名）

答案：1.以色列。2.好望角。3.多哥。

788.爸爸要小明背论语，他一分钟就背了整本书，难道小明是天才吗？

【帮你一把】在“整本书”上做文章。

789.从前，遍地是金的山是什么山？

【帮你一把】答案在一个外国城市名中。

790.大伟在电影最精彩的时候却去上厕所，为什么？

【帮你一把】你上厕所时，也可能是电影最精彩的时候。

791.从1到9哪个数字最勤劳，哪个数字最懒惰？

【帮你一把】答案在一句俗语中。

792.当今社会，商人大都靠什么吃饭？

【帮你一把】你靠什么吃饭呢？

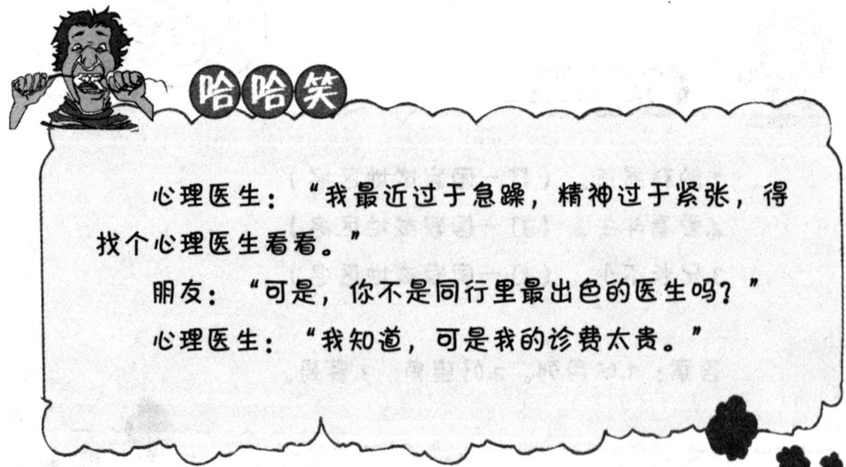

心理医生：“我最近过于急躁，精神过于紧张，得找个心理医生看看。”

朋友：“可是，你不是同行里最出色的医生吗？”

心理医生：“我知道，可是我的诊费太贵。”

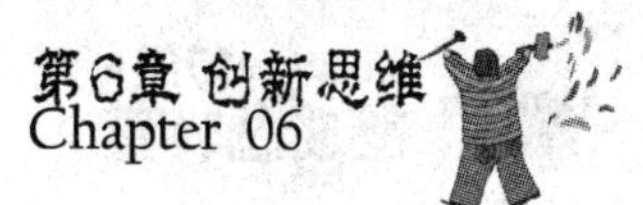

793. 当你向别人夸耀你的长处的同时，别人还会知道你的什么情况？

【帮你一把】这可不是你的长处哟！

794. 现在住在秘鲁的日本移民，即使家属提出希望也不能将其埋葬在秘鲁的土地上？为什么？

【帮你一把】什么时候才能“埋葬”？

795. 狗过了独木桥就不叫了，猜一成语。

【帮你一把】在“独木桥”和“不叫”上做文章。

796. 电梯中挤满了人，上升不久后突然下坠，为什么没人受伤？

【帮你一把】不受伤，除了平安之外，还会怎样呢？

797. 你什么时候执迷不悟？

【帮你一把】在“迷”上做文章。

哈哈笑

阿福的爷爷每逢读书看报，总是戴着老花镜。阿福问他：“爷爷，你看书写字时，为什么老是戴着眼镜呢？”爷爷回答说：“因为这样才看得清楚些。”阿福想了想说：“啊，我知道了，因为眼镜比眼睛大些。”

798.读完北京大学最快要多长时间?

【帮你一把】在“读完”上做文章。

799.马、虎、狼三种动物，请问是谁把龙藏起来了呢?

【帮你一把】答案在一句成语中。

800.放烟火时为什么不会射到星星?

【帮你一把】你仰望星空时，感觉星星在什么状态?

801.一个人自从当了大汉奸后做过一件大有益于祖国的事，那是什么事?

【帮你一把】他怎样时，才算是好事呢?

802.刚上幼儿园第一天的Rose，从来没学过数学，但老师却称赞她的数学程度是数一数二的，为什么?

【帮你一把】在“数一数二”上做文章。

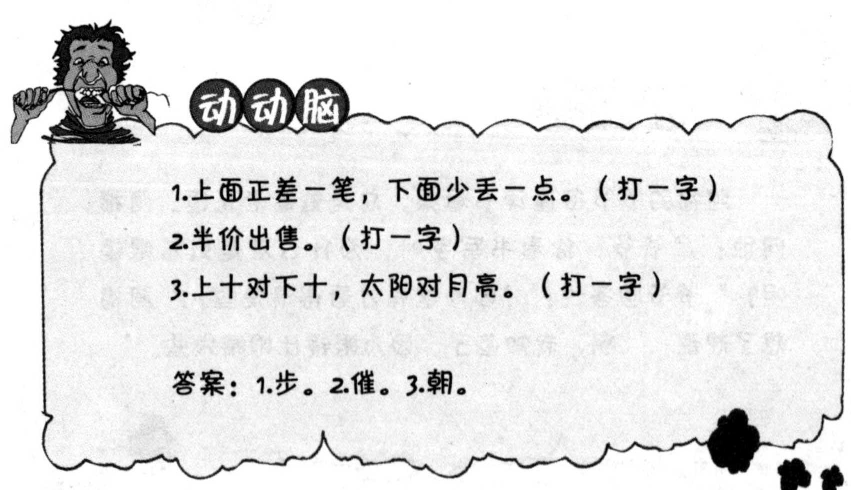

1.上面正差一笔，下面少丢一点。（打一字）
2.半价出售。（打一字）
3.上十对下十，太阳对月亮。（打一字）

答案：1.步。2.僬。3.朝。

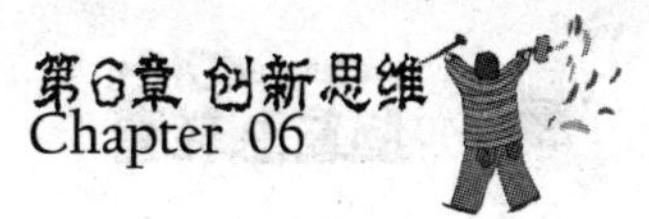

803.拿筷子吃饭，猜一成语。

【帮你一把】拿筷子吃饭时会怎样？

804.狗的儿子跟龙的儿子，有几点差异？

【帮你一把】在“点”上做文章。

805.姑妈送给小花一只小猫，这只小猫没有死掉，也没有跑掉，小花也没有把它送人，为什么三个月后姑妈来小花家却没有看见小猫？

【帮你一把】在“小猫”上做文章。

806.古今中外的伟人，都有的共同点是什么？

【帮你一把】这个共同点也适用于你。

807.黑笔如何能够写出红字？大家知道写的字是“红”。但是，不用这种方法，如何写出白字来？

【帮你一把】在“白字”上做文章。

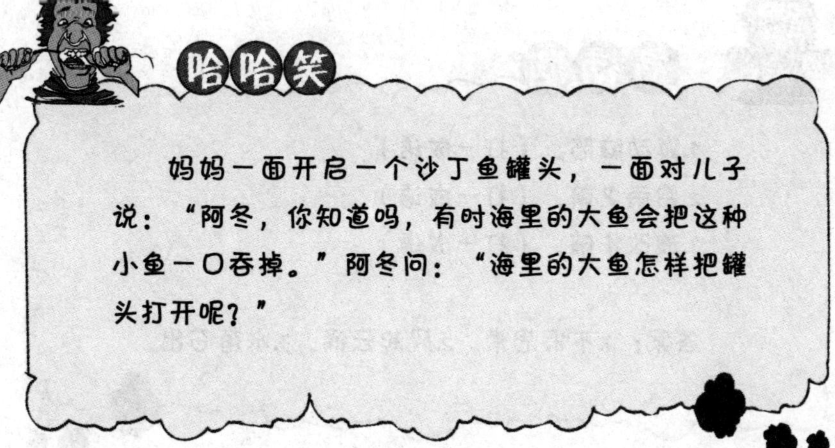

妈妈一面开启一个沙丁鱼罐头，一面对儿子说：“阿冬，你知道吗，有时海里的大鱼会把这种小鱼一口吞掉。”阿冬问：“海里的大鱼怎样把罐头打开呢？”

808. 把针掉进海里了怎么办?

【帮你一把】可不是让你去“大海捞针”啊!

809. 黑鸡厉害还是白鸡厉害，为什么?

【帮你一把】可通过鸡蛋把它们联系起来。

810. 黄河的源头在哪儿?

【帮你一把】答案在一句古诗中。

811. 什么时候坐飞机最安全?

【帮你一把】这个时候在地面最不安全。

812. 既认识自然又能随便改造自然的人是谁?

【帮你一把】在“改造”上做文章。

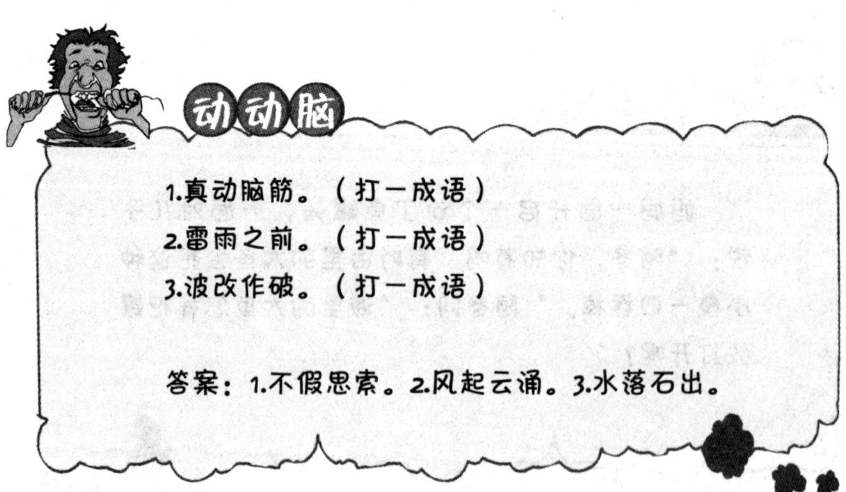

动动脑

1.真动脑筋。（打一成语）

2.雷雨之前。（打一成语）

3.波改作破。（打一成语）

答案：1.不假思索。2.风起云涌。3.水落石出。

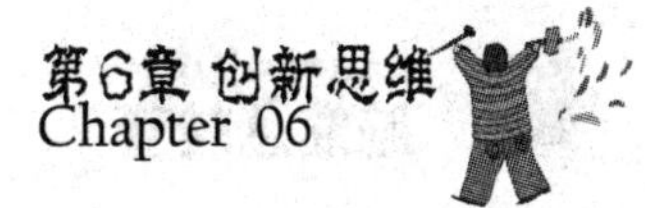

813. 家有家规，国有国规，那动物园里有啥规？

【帮你一把】在“规”上做文章。

814. 家在北京的老王想去上海，要花多少钱？

【帮你一把】在“想”上做文章。

815. 将要来却永远来不了的是什么？

【帮你一把】你懂得珍惜时间吗？

816. 百货公司里，有个秃头的推销员，正在促销生发水，你知道他为什么自己不用生发水吗？

【帮你一把】生发水可不是假冒伪劣产品哟！

817. 今天上午只上半天课，学生们高兴吗？

【帮你一把】想想你在学校的时候。

哈哈笑

妈妈怀孕了，4岁的海柯百思不得其解，她问爸爸未来的弟弟或者妹妹是如何生出来的。爸爸向她解释道：“先生出头，再生出身子，最后是两条腿，懂了吗？”“懂了，爸爸，然后你用螺丝把它们组装起来，对吗？”

818.晶晶洗澡时，每次都有从洗澡水里拿东西往嘴里塞的习惯，而且奇怪的是，她还不断称赞好吃。请问她在吃什么？

【帮你一把】在“澡”上做文章。

819.包公的脸为什么是黑的？

【帮你一把】包公脸上的标志是什么？

820.老大和老幺之间隔着三兄弟，虽是同年同月同日生，却一点也不相像，为什么？

【帮你一把】用手拍拍脑袋，答案自明。

821.老太太得的并不是绝症，为什么医生说她无药可医？

【帮你一把】真要是“无药可医”，那就是绝症了。

822.老王很有钱，可别人说他是个奴隶，为什么？

【帮你一把】爱钱的人有个什么别号呢？

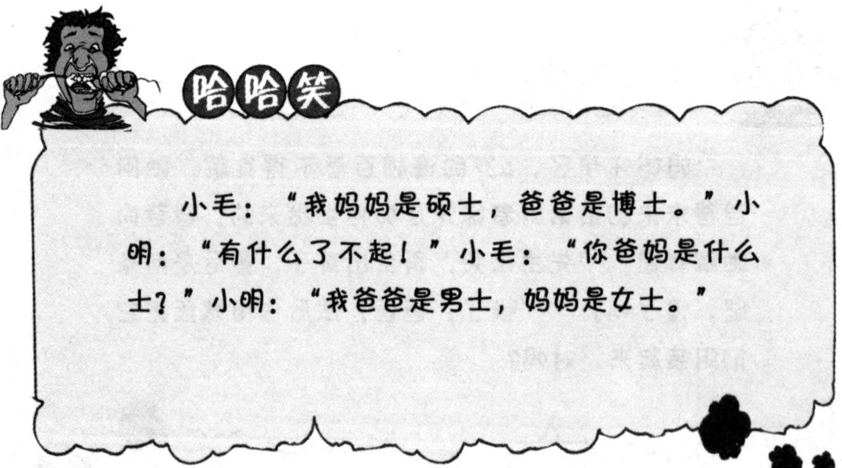

小毛：“我妈妈是硕士，爸爸是博士。”小明：“有什么了不起！”小毛：“你爸妈是什么士？”小明：“我爸爸是男士，妈妈是女士。”

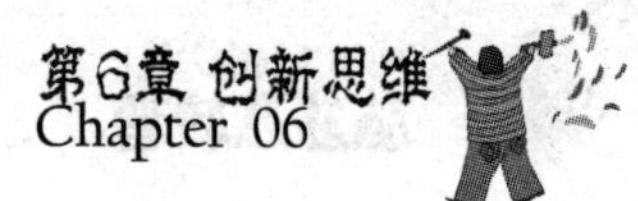

823.贝多芬给了我们什么样的启示？

【帮你一把】和考试有关。

824.邻居老李家的屋顶为什么有时漏雨，有时不漏雨？

【帮你一把】其实漏雨的房子都这样。

825.六岁的小明总是喜欢把家里的闹钟整坏，妈妈为什么总是让不会修理钟表的爸爸代为修理？

【帮你一把】他修理的是闹钟吗？

826.买一双高级女皮鞋要214元5角6分钱，请问买一只要多少钱？

【帮你一把】这不是数学题哟，在“一只”上做文章。

827.牧师无论如何都不能主持的仪式是什么？

【帮你一把】牧师经常主持什么仪式？

有一天，小欣走到大镜子前，默默地站着，两只眼睛紧紧地闭着，一会儿睁眼向镜子里偷看一下。妈妈看到了，走过来问：“小欣，你在干什么？”小欣急忙向妈妈摇手说：“别吵！我在睡觉，我要看看我自己睡觉的时候是什么样子。”

828.比细菌还小的是什么？

【帮你一把】这不是生物题哟！

829.拿破仑指挥作战时，高喊："冲啊！"为何所有士兵却是动也不动？

【帮你一把】注意，拿破仑喊的是："冲啊！"

830.哪个连的人最多？

【帮你一把】可不是军队里的"连"哟！

831.谁家没有电话？

【帮你一把】答案在一句成语中。

832.哪家人最多？

【帮你一把】不要把思维局限在某个"家庭"上哟！

儿子看见电视广告好多吃的，对父亲说："爸爸我想进电视里面去。"父亲："进去干吗？"儿子："我进去拿好吃的。"父亲："好啊那你进去吧。"儿子弱弱地说："不敢进去，我进去了你要调台我就出不来了。"

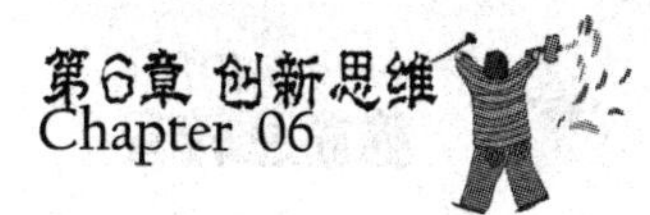

833.哪一个字永远写不好？

【帮你一把】在“不好”上做文章。

834.男生和女生有什么共同点？

【帮你一把】不要想得太复杂哟！

835.谁最了解鸟类？

【帮你一把】答案在一句成语中。

836.你的爸爸的妹妹的堂弟的表哥的爸爸与你叔叔的儿子的嫂子是什么关系？

【帮你一把】可以用共性代表个性。

837.你在学校学到的知识越多，什么就会越少？

【帮你一把】任何事物都有其对立面。

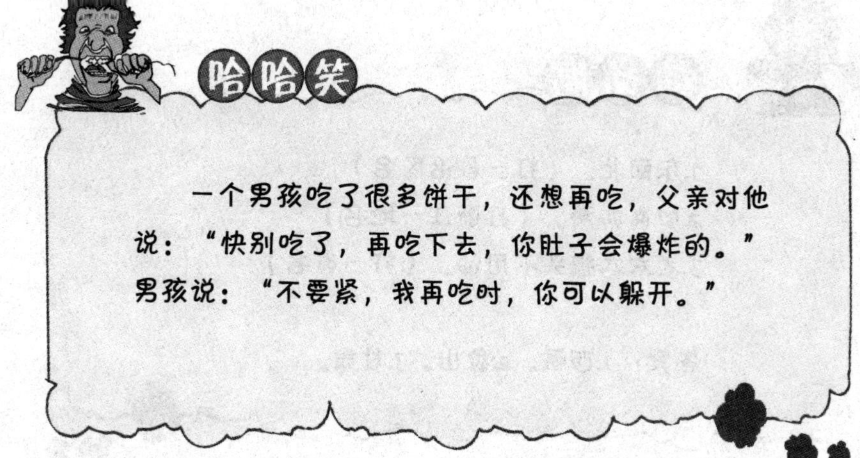

838. 你知道一个人的小腿应该有多长？

【帮你一把】不是让你回答长度值哟！

839. 为什么蚕宝宝很有钱？

【帮你一把】蚕会做什么？

840. 爬高山与吞药片有什么不同之处？

【帮你一把】想想做这两件事时的方向问题。

841. 公司的员工们总是看见总经理对女秘书说话时低下了高傲的头，为什么？

【帮你一把】什么时候必须低头和是否高傲无关？

842. 七个好人和三个坏蛋同搭一艘渡轮，中途船翻了，七个好人沉入水中淹死了，三个坏蛋却很快就浮出水面，为什么？

【帮你一把】在“坏蛋”上做文章。

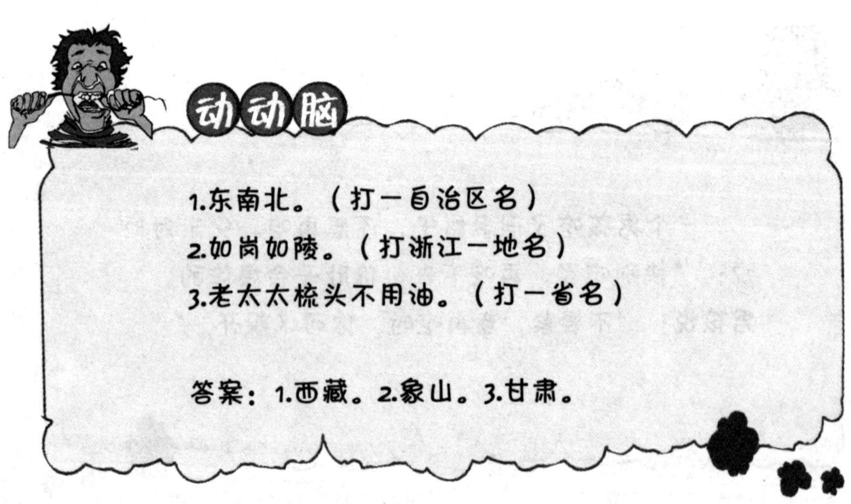

动动脑

1.东南北。（打一自治区名）

2.如岗如陵。（打浙江一地名）

3.老太太梳头不用油。（打一省名）

答案：1.西藏。2.象山。3.甘肃。

843. 怎样使麻雀安静下来？

【帮你一把】答案在一句成语中。

844. 茄子的另外一个名字叫什么？

【帮你一把】可以用“一般”概括“个别”。

845. 请你解释：悲剧和喜剧有什么联系？

【帮你一把】从观众的角度考虑其联系。

846. 请问英语有多少个字母？

【帮你一把】不要回答是26个哟，这是个文字游戏！

847. 日月潭的中间是什么？

【帮你一把】不是谁哟！

学生：“老师，汤姆在假期里常到瓜园去偷西瓜。”老师：“你怎么知道？”学生：“他每次都分给我吃。还有，上自习课的时候，汤姆什么也没干，光在那里坐着。”老师：“你又怎么发现的？”学生：“我一直看着他。”

848.吃饭的时候最扫兴的是什么?

【帮你一把】味道不好不是最扫兴的事情。

849.如果说儿童是国家未来的栋梁，那么儿童肚子里的蛔虫是什么?

【帮你一把】在栋梁里面，蛔虫该叫什么呢?

850.如何最快地将不可能的事变成可能的事?

【帮你一把】这不过是个文字游戏罢了!

851.从来没见过的爷爷，他是什么爷爷?

【帮你一把】很多人把他当成口头禅。

852.森林里有一条眼镜蛇，可是它从来不咬人，你知道为什么吗?

【帮你一把】在“不咬人”上做文章。

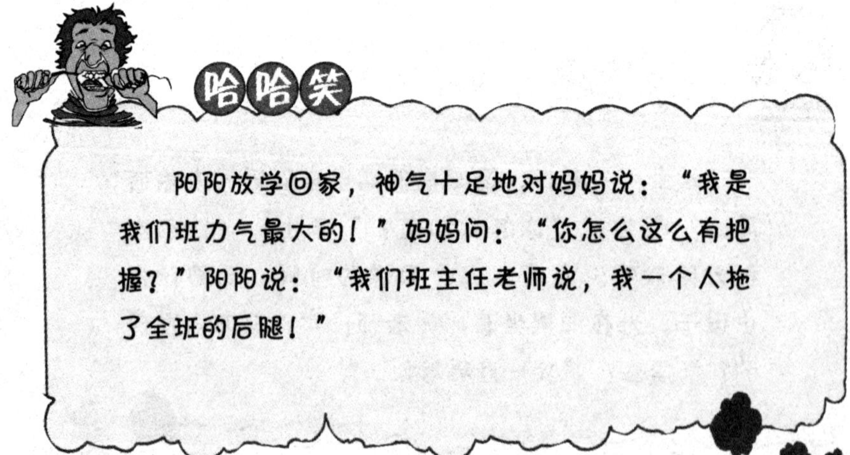

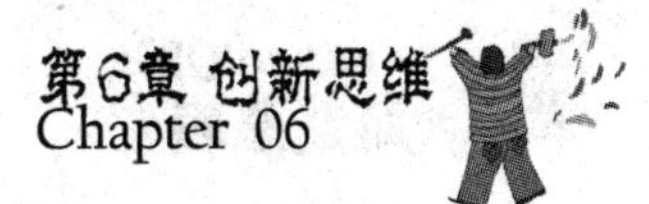

853. 神偷“妙手空空”把附近一些有钱人家的金银珠宝偷得一干二净，为什么唯独一个既无防盗设备，也无保安人员的财主家没受到光顾？

【帮你一把】他需要去偷那家吗？

854. 黑人为什么喜欢吃白巧克力？

【帮你一把】黑人手拿巧克力，会有什么样的结果？

855. 什么东西有五个头，但人不觉得它怪呢？

【帮你一把】低头看看，答案自明。

856. 什么东西没有价值但大家又很喜欢？

【帮你一把】答案在一句成语中。

857. 什么东西咬牙切齿？

【帮你一把】看看你的衣服上是否有它。

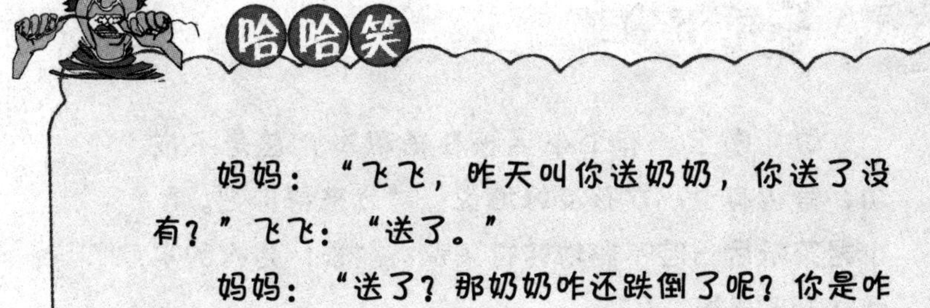

妈妈：“飞飞，昨天叫你送奶奶，你送了没有？”飞飞：“送了。”

妈妈：“送了？那奶奶咋还跌倒了呢？你是咋送的？”飞飞：“目送。”

858.大富翁快要死了，却担心不成器的儿子坐吃山空，他该怎么办才好?

【帮你一把】在“坐吃山空”上做文章。

859.有一只熊走过来，猜一成语。

【帮你一把】想想英文，答案自明。

860.什么动物即没有祖先又没有子孙?

【帮你一把】人类的杰作。

861.什么动物你打死了它，却流了你的血?

【帮你一把】什么动物身体里会有你的血呢?

862.什么瓜不能吃?

【帮你一把】但愿你不是这种瓜!

哈哈笑

幼儿园里，有个小男孩在搭积木，总是不成功，旁边有个小女孩友好地说：“我来帮你吧。”小男孩听后一脸不屑地转过头说：“去！男人的事情女人不要管。”

863. 怎样让鸭子不会飞走?

【帮你一把】答案在一句成语中。

864. 什么票最危险?

【帮你一把】警匪片中经常出现。

865. 什么人没当爸爸就先当公公?

【帮你一把】在"公公"上做文章。

866. 有位妇女前往律师处表示:"我和我先生不论对什么事意见都会相左,一年到头争吵不休。所以想要离婚,但不知是否可行?"律师稍微想了一下,然后回答:"这是不可能的呀!"为何律师会这样回答呢?

【帮你一把】"都会相左"是什么意思?

867. 小白加小白等于什么?

【帮你一把】想想英文,答案自明。

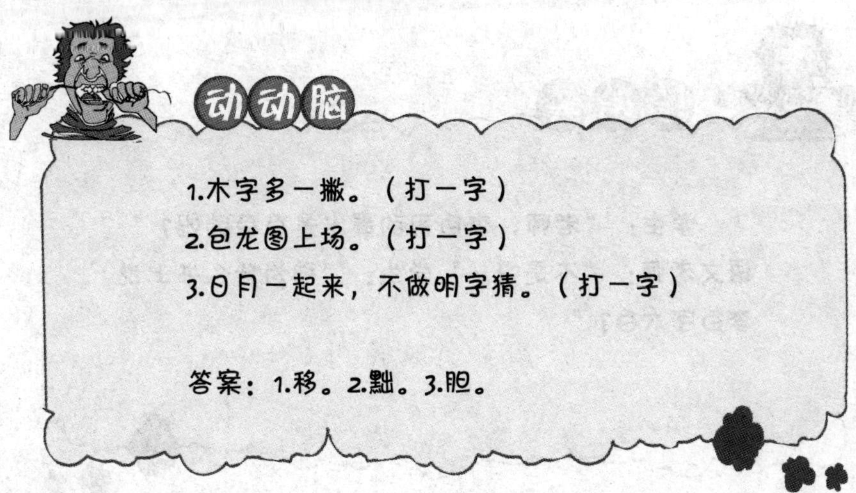

868.什么人永远无忧无虑?

【帮你一把】其实没人喜欢做这样的人。

869.什么时候我们会心甘情愿地熄灭自己的生命之火?

【帮你一把】什么时候会点燃的自己的“生命之火”呢?

870.什么时候先穿鞋再穿袜子?

【帮你一把】未必是你“穿”啊!

871.第一次世界大战是在何时发生的?

【帮你一把】当然是人类世界发生的。

872.什么书不能看?

【帮你一把】不是纸质的。

873.什么书谁也没见过?

【帮你一把】是神话故事里的。

学生:“老师,李白用的墨水是白色的吗?”语文老师:“不是呀。”学生:“那为什么书上说李白字太白?”

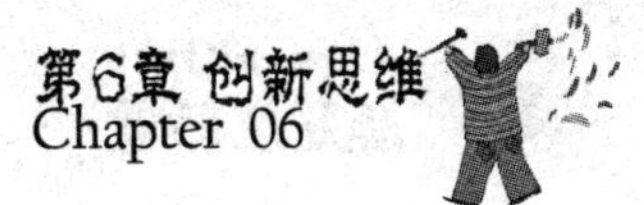

874.什么书中毛病最多？

【帮你一把】在“毛病”上做文章。

875.什么雨猛到可以淋死人？

【帮你一把】答案在一句成语中。

876.什么字大家看了都说没用？

【帮你一把】这不过是个文字游戏罢了。

877.时钟什么时候不会走？

【帮你一把】不是停了的时候啊！

878.喝可乐可以再来一罐，买洗衣粉也可以买大送小，那请问什么店不能买一送一？

【帮你一把】谁也不想去的店，谁也不愿意买的东西。

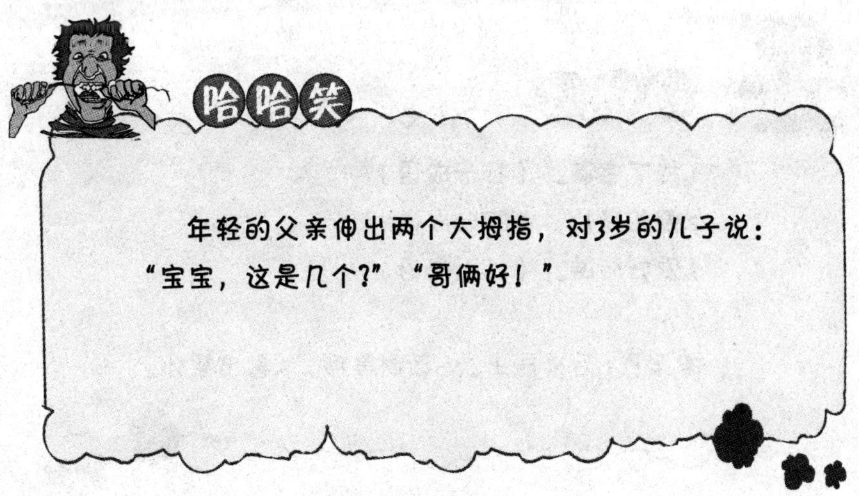

879.世界上最牢固的琴是什么琴?

【帮你一把】在“最牢固”上做文章。

880.谁的脑子记住的东西最多?

【帮你一把】肯定不是人的脑子。

881.谁最喜欢添油加醋?

【帮你一把】“添油加醋”的本义是什么?

882.睡美人最怕什么?

【帮你一把】为什么叫“睡美人”呢?

883.小刚说他一次可以放十万个风筝，他并没有吹牛。你知道他是如何放的吗?

【帮你一把】“十万个风筝”代表的肯定不是数量。

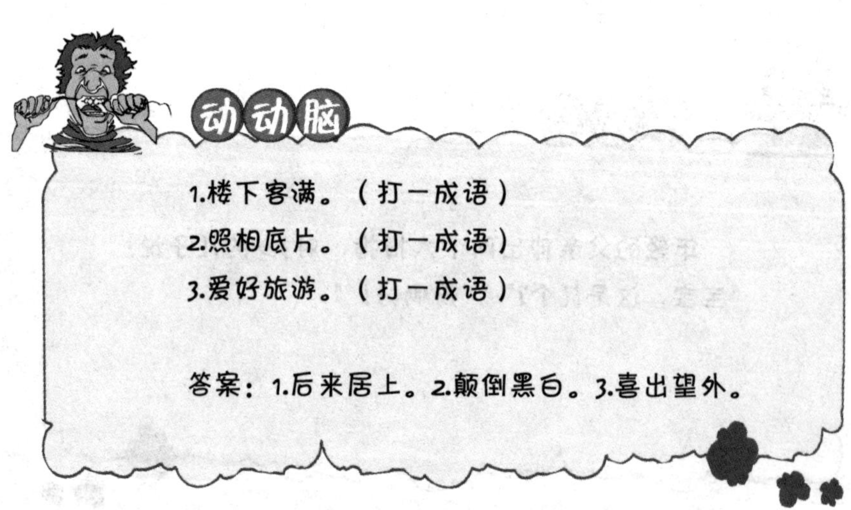

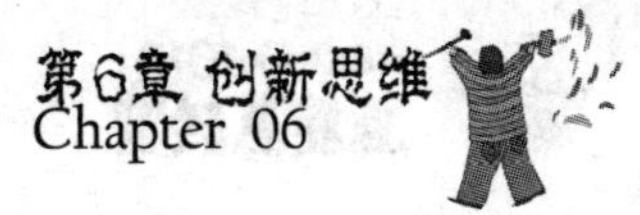

884. 铁锤锤鸡蛋为什么锤不破？

【帮你一把】在“锤不破”上做文章。

885. 停电的时候，我们点着蜡烛为什么能看电视？

【帮你一把】“看电视”该怎么理解呢？

886. 王太太委托侦探社24小时日夜跟踪、监视王先生，以防他出轨，但是为什么最后王先生还是出轨了？

【帮你一把】“出轨”的本义是什么？

887. 为什么吃完晚餐后，全家都喜欢坐在电视机前看电视？

【帮你一把】在“坐”上做文章。

888. 为什么警察要系白皮带？

【帮你一把】问的可不是颜色啊！

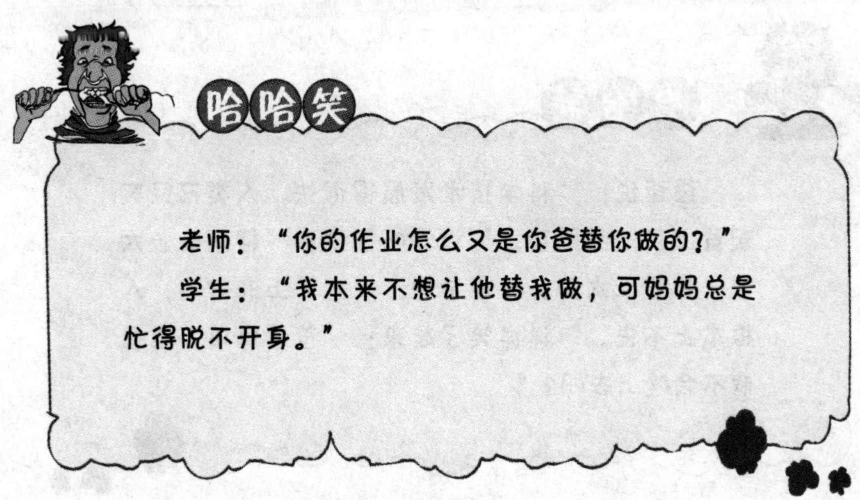

老师：“你的作业怎么又是你爸替你做的？”

学生：“我本来不想让他替我做，可妈妈总是忙得脱不开身。”

889.为什么热恋的人喜欢在较黑的地方谈恋爱？

【帮你一把】不是为了保密哟！

890.为什么人们要到市场上去？

【帮你一把】在“到”和“去”上做文章。

891.小陈礼拜天早上赶到西郊去看早场电影，到了西郊，却看不到半个人，为什么？

【帮你一把】什么叫“半个人”呢？

892.为什么自由女神像老站在纽约港？

【帮你一把】在“站”上做文章。

893.瞎子为何夜路点灯？

【帮你一把】于人于己都有利。

爸爸说：“科学技术发展得很快，人类已经实现登上月球的愿望。”洋洋听了说：“将来我长大了，要登上太阳。”爸爸说：“太阳上非常热，人根本上不去。”洋洋笑了起来：“爸爸真傻，难道我不会晚上去吗？”

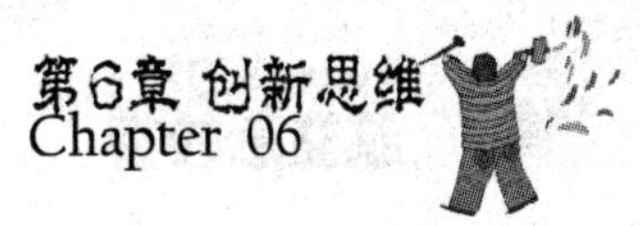

894. 象棋与围棋的区别是什么？

【帮你一把】在下棋过程中，这两种棋的棋子都有什么变化呢？

895. 为什么小王写了一个字，人人都说他写了错字？

【帮你一把】这不过是个文字游戏罢了。

896. 小红和小李互相吹牛，小红说她可以把整个世界吃下去，小李说了什么胜过了小红？

【帮你一把】抓住吹牛者自身的漏洞。

897. 小苏家很富裕，可他想买玩具时却从不向家里要一分钱，为什么？

【帮你一把】在“一分钱”上做文章。

898. 小刘正在吹电扇，为什么还是满头大汗？

【帮你一把】“吹电扇”该怎么理解呢？

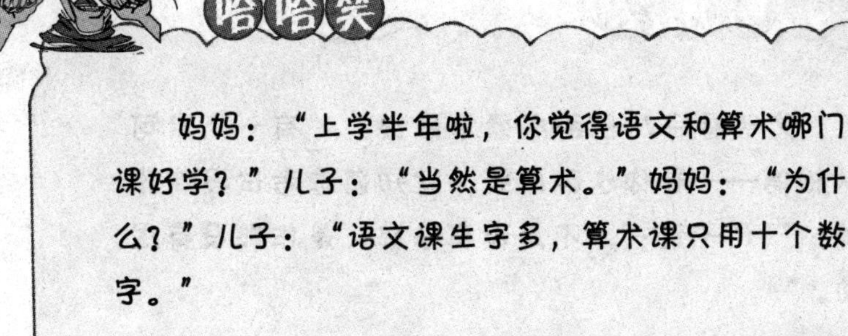

妈妈：“上学半年啦，你觉得语文和算术哪门课好学？”儿子：“当然是算术。”妈妈：“为什么？”儿子：“语文课生字多，算术课只用十个数字。”

899. 在什么地方，将军和元帅完全相等?

【帮你一把】在一种游戏道具中。

900. 谁最喜欢咬文嚼字?

【帮你一把】“咬”和“嚼”的本义是什么?

901. 塑料袋里有六个橘子，如何均分给三个小孩，而塑料袋里仍有两个橘子?（不可以分开橘子）

【帮你一把】在“塑料袋”上做文章。

902. 太阳爸爸和太阳妈妈生了个太阳儿子，我们应该说什么祝贺辞恭喜他们?

【帮你一把】太阳又称什么?

903. 太阳和月亮在一起是哪一天?

【帮你一把】这不过是个文字游戏罢了。

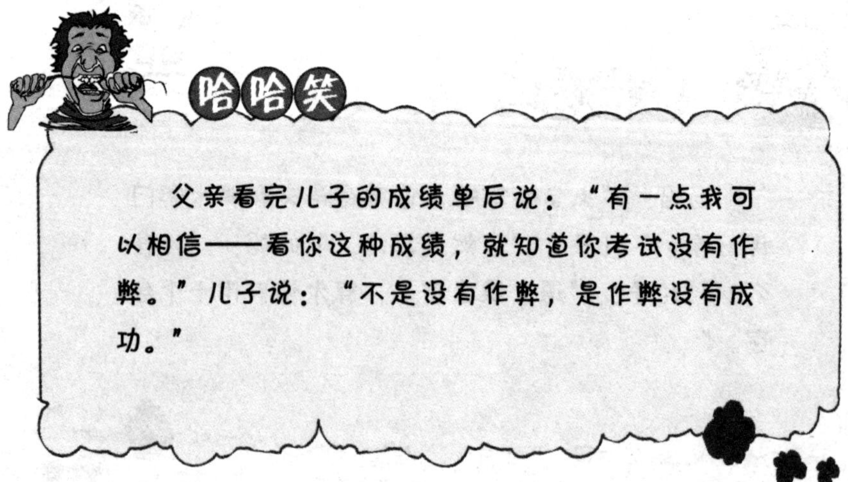

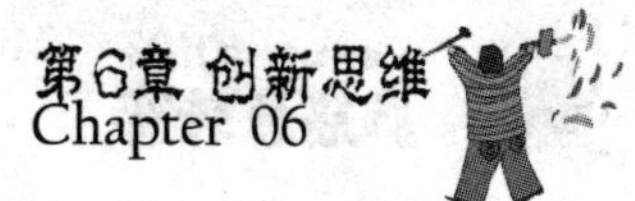

904.汤姆因为把墨水泼在地毯上而挨了骂，可他觉得委屈，为什么?

【帮你一把】在“墨水”上做文章。

905.唐老鸭最怕什么事?

【帮你一把】鸭子和哪种美丽的鸟联系最密切呢?

906.天上有十个太阳，为什么后羿只射下九个?

【帮你一把】没有太阳会怎样呢?

907.兔子的眼睛为什么是红的?

【帮你一把】你的眼睛什么时候会变红?

908.拖什么东西最轻松?

【帮你一把】看看脚下，答案自明。

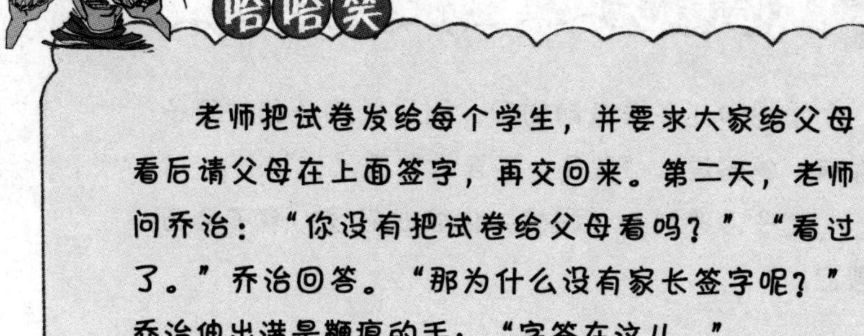

老师把试卷发给每个学生，并要求大家给父母看后请父母在上面签字，再交回来。第二天，老师问乔治：“你没有把试卷给父母看吗？”“看过了。”乔治回答。“那为什么没有家长签字呢？”乔治伸出满是鞭痕的手：“字签在这儿。”

909. 王爷爷有三个孙子。一天，他买了两个小西瓜，一路在想怎样平均分西瓜，总也想不出个好办法来。在门口，邻居李奶奶只说了三个字，王爷爷就愁眉舒展了。李奶奶告诉他的是什么办法？

【帮你一把】可以改变物质的形态啊！

910. 为什么爱斯基摩人是唯一住在北极的人呢？

【帮你一把】多念几遍“爱斯基摩”就知道答案了。

911. 为什么大部分佛教徒都在北半球？

【帮你一把】佛教徒放在嘴边上的一句话是什么？

912. 为什么大雁秋天要飞到南方去？

【帮你一把】除了“飞”，还能有其他手段吗？

913. 为什么母鸡的腿短？

【帮你一把】母鸡的标志是什么？

妈妈和儿子去逛动物园，到了关狮子的铁笼子面前。妈妈说：“孩子，不要太靠近了！”

儿子回答说：“妈妈，你放心好了，我不会伤害它。”

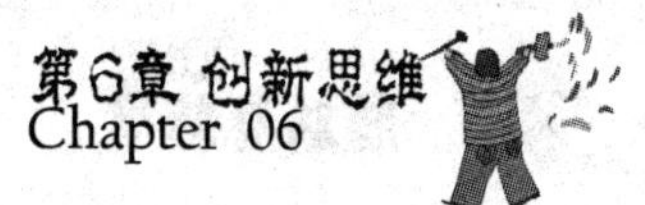

914. 为什么会有人见死不救?

【帮你一把】在“死”上做文章，这只不过是一个文字游戏。

915. 为什么汉子不出门?

【帮你一把】在“汉”和“门”上做文章。

916. 为什么杀人要被判刑，杀蟑螂却不用?

【帮你一把】不要说蟑螂是害虫哟!

917. 为什么现代人越来越言而无信?

【帮你一把】在“言而无信”上做文章，这只不过是一个文字游戏。

918. 为什么熊冬眠时会睡这么久?

【帮你一把】你为什么不会睡那么长的时间?

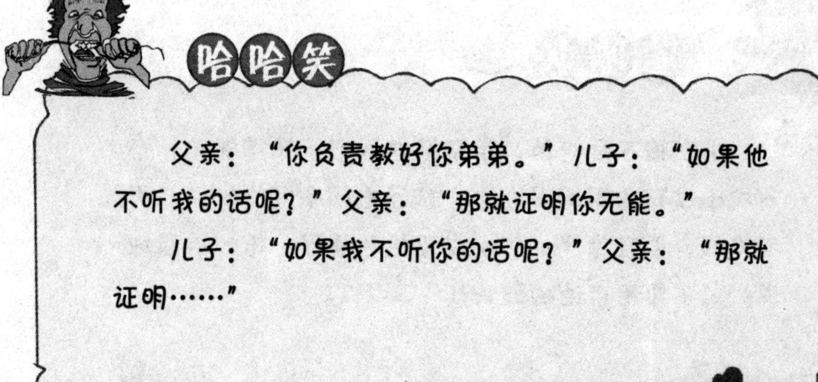

父亲：“你负责教好你弟弟。”儿子：“如果他不听我的话呢?”父亲：“那就证明你无能。”

儿子：“如果我不听你的话呢?”父亲：“那就证明……”

919. 为什么有人说建立在金钱基础上的婚姻是最牢固的?

【帮你一把】想想不同阶段婚姻的各种称呼。

920. 龟兔第三次赛跑，兔子一没有骄傲，二没有睡觉，非常努力地奔跑，终点也不在水里，可为什么还是输了?

【帮你一把】什么龟最厉害呢?

921. 我们脚下踩的是什么?

【帮你一把】不是大地哟!

922. 沙沙声称自己是辨别母鸡年龄的专家，其绝招是用牙齿，为什么?

【帮你一把】这种方法其实只能知道个大概。

923. 伍子胥过昭关，为何在一夜之间头发全变白了?

【帮你一把】现代人头发白了怎么办?

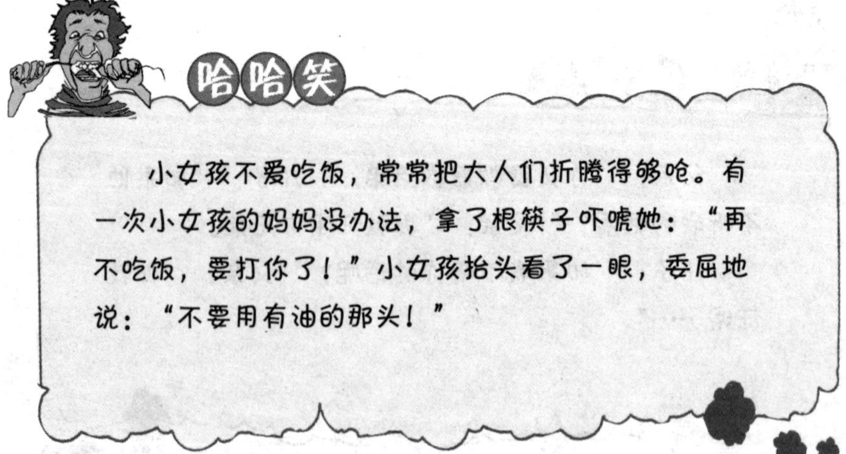

924.武松到底犯了什么罪，为何被抓？

【帮你一把】他把什么打死了？

925.先有男人，还是先有女人？

【帮你一把】男人、女人都各有什么尊称？

926.现代人为什么越来越喜欢挖耳朵？

【帮你一把】耳朵的功能是什么？

927.想想看，如果外星人来到地球，他说的第一句话将会是什么？

【帮你一把】在“外星”上做文章。

928.在饭桌上，Piggy和Cloud说着说着竟然动起拳头来了，可为什么他们的朋友不但不阻止，反而在旁边大喊加油？

【帮你一把】“动起拳头”也可以是一种娱乐啊！

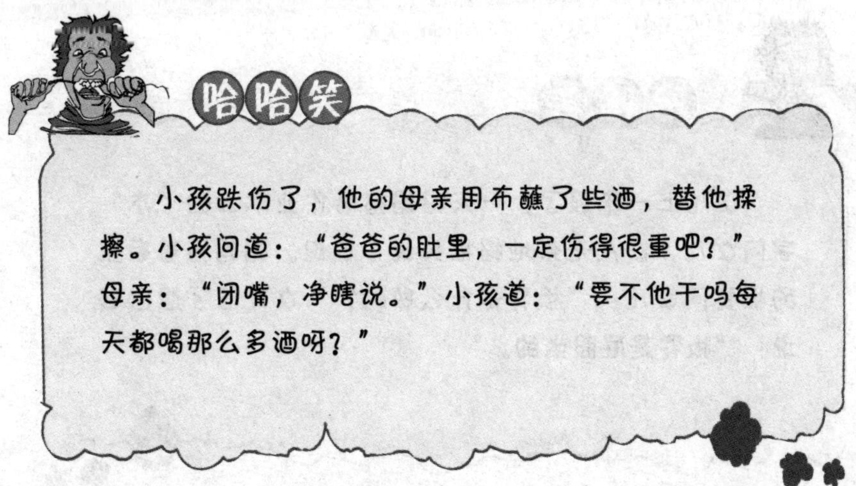

929.一个人从早上吃到下午，他怎么撑不死？

【帮你一把】吃什么是福来着？

930.小红帽从大野狼面前走过，大野狼为何没有发现她？

【帮你一把】“小红帽”有什么标志呢？

931.世界上什么样的海最大？

【帮你一把】答案在一句成语中。

932.小华在家里，和谁长得最像？

【帮你一把】肯定不是他的某个家人。

933.小丽和妈妈买了8个苹果，妈妈让小丽把这些苹果装进5个口袋中，每个口袋里都是双数，你能做到吗？

【帮你一把】这不是一道数学题哟！

女儿上一年级了，一天妈妈指着作业本上的“木”字问女儿，女儿无奈地摇摇头说不认识。妈妈指着家里的板凳问女儿：“板凳是什么做的？”女儿想了想回答说：“板凳是屁股坐的。”

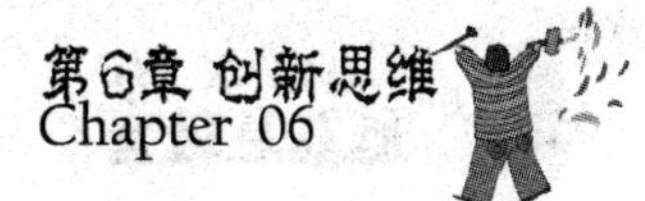

934.小马哥的老爸在市立图书馆，打一四字成语。

【帮你一把】多念几遍，考虑一下谐音字，答案自明。

935.小麦的两包面都被偷了，打一四字成语。

【帮你一把】多念几遍，考虑一下同音字，答案自明。

936.小王的爸爸是警察，他眼看着儿子偷了一样东西，却没有多加管教，这是怎么回事?

【帮你一把】这种“偷”不犯法。

937.小明去参加讲笑话比赛，一路上小明一直用冰块敷嘴巴，为什么?

【帮你一把】冰块有什么作用?

938.小呆骑在大牛身上，为什么大牛不吃草?

【帮你一把】“大牛”难道必须吃草?

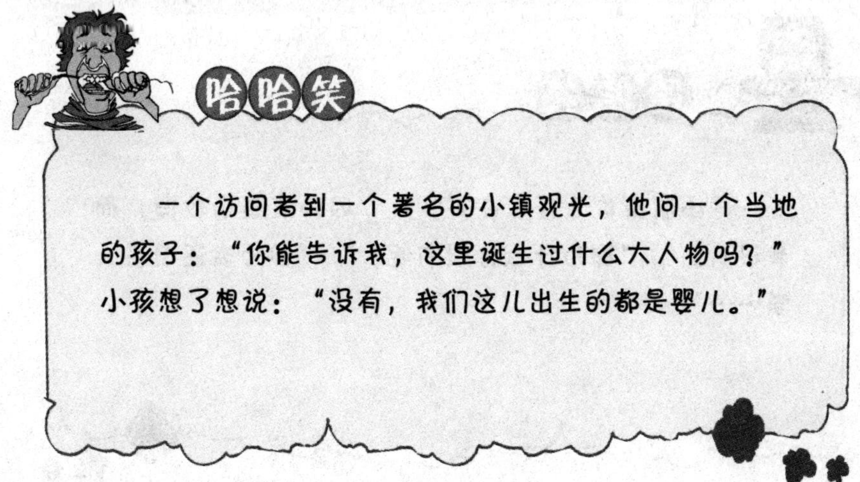

一个访问者到一个著名的小镇观光，他问一个当地的孩子：“你能告诉我，这里诞生过什么大人物吗？”小孩想了想说：“没有，我们这儿出生的都是婴儿。”

939. 狐狸精最擅长迷惑男人，那么什么精男女一起迷？

【帮你一把】这种“精”能让人晕。

940. 小莫是个出了名的仿冒名牌大王，为什么他却能逍遥法外而又名利双收呢？

【帮你一把】在娱乐节目上经常看到这类“仿冒名牌大王”。

941. 小男孩和小女孩在一起不能玩什么游戏？

【帮你一把】答案在一句成语中。

942. 小苏用捕鼠笼在家抓老鼠，第二天一早发现笼子里有一只活老鼠，而笼子外面却有两只四脚朝天的死老鼠，为什么？

【帮你一把】“四脚朝天”可用于夸张地形容什么表情？

943. 熊掌和鱼什么情况下可以兼得？

【帮你一把】别忘了，这两样都是可以吃的东西。

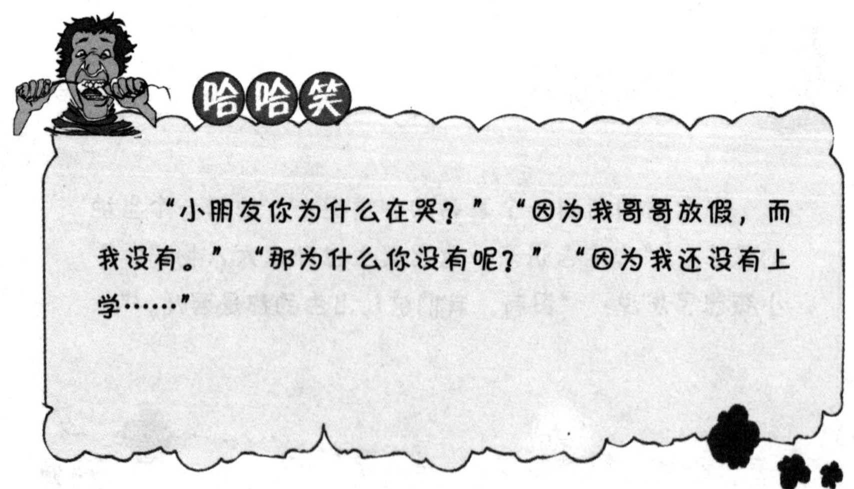

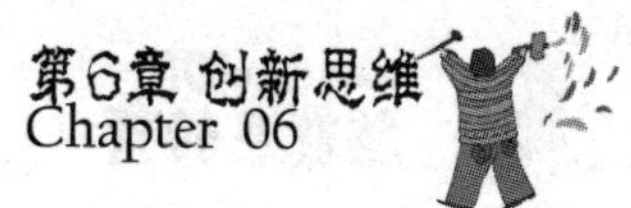

944. 亚当和夏娃结婚后最大的遗憾是什么?

【帮你一把】一般婚礼都有什么呢?

945. 甲偷用了乙的牙刷，乙有乙型肝炎，为什么甲却没有被传染?

【帮你一把】他用牙刷去刷什么去了?

946. 一朵插在牛粪上的鲜花是什么花?

【帮你一把】在“牛”上做文章。

947. 一朵盛开在家里的花，却被关在笼子里。请问这是什么?

【帮你一把】天热时候还能发挥关键作用呢!

948. 甲乙两位仇人以喝毒酒决定生死，为什么乙选了没毒的酒却死了?

【帮你一把】是毒死的吗?

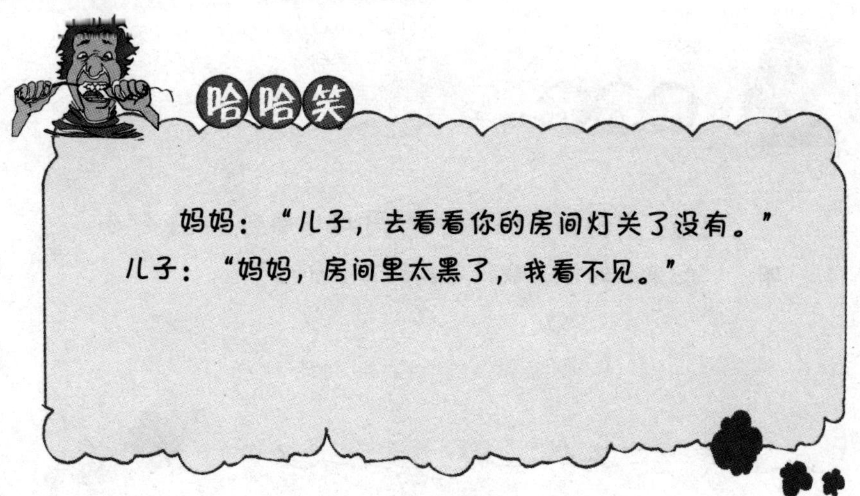

949.一个人上了手术台是什么心情？

【帮你一把】他会任凭人怎样呢？

950.你能在一块木板上一笔画出两条不相连的线吗？

【帮你一把】看你用什么样的笔了。

951.雨天什么伞不能打？

【帮你一把】肯定是不能防雨的伞。

952.要使水成为冰，最快的做法是什么？

【帮你一把】这不过是个文字游戏罢了。

953.一个数去掉首位是13，去掉末位是40，请问这个数是多少？

【帮你一把】跳出阿拉伯数字的圈圈。

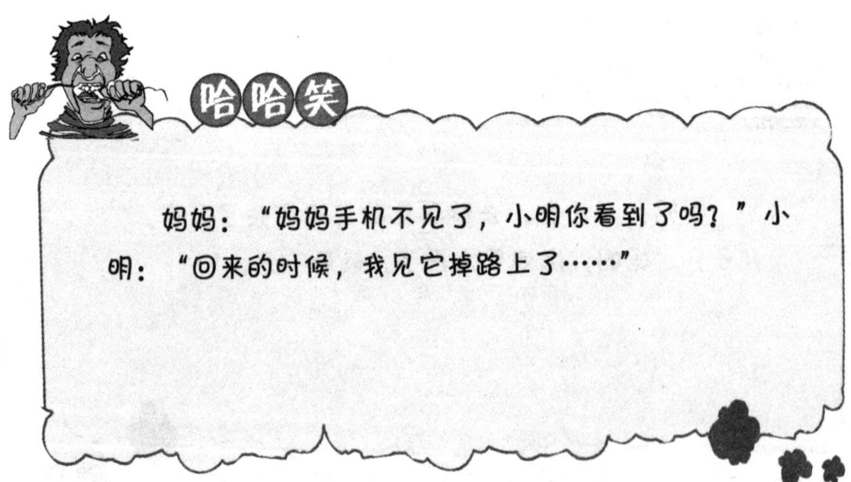

妈妈："妈妈手机不见了，小明你看到了吗？"小明："回来的时候，我见它掉路上了……"

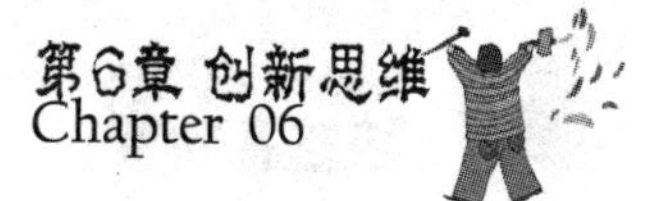

954. 一个职业登山运动员什么山上不去？

【帮你一把】很危险的一种山。

955. 一个最贪玩的小孩最喜欢什么课？

【帮你一把】在“贪玩”上做文章。

956. 一溜三棵树，要拴十匹马，只能拴单不能拴双，请问怎样栓？

【帮你一把】多读几遍，想想同音字，答案自明。

957. 口吃的人做什么事最亏？

【帮你一把】什么时候说话花钱呢？

958. 一条专门吃人的鳄鱼为什么也能获准进入天堂？

【帮你一把】看它吃的是什么人了。

今天回来晚了，进屋时飞进了蚊子，抓了半天也没有抓到。睡觉前，我催女儿去洗澡，她磨磨蹭蹭在那儿不动，嘴里嘟囔着说：“妈妈，我不洗。蚊子要咬我，难道我还要给它洗干净吗？”

959. 浪费掉人的一生的三分之一时间的会是什么东西?

【帮你一把】你一天的三分之一时间会在什么上面度过呢?

960. 一只小鸟飞进了迪斯科舞厅，突然掉了下来，请问发生了什么事?

【帮你一把】翅膀另作他用了。

961. 一种饮料，由恶意和谎言加上微量事实配制而成，能有效地削弱领导的洞察力，是什么?

【帮你一把】领导喜欢下属用什么方式给他汇报情况呢?

962. 英国国王为什么是女性?

【帮你一把】英国男人都讲究女士怎样呢?

963. 有种船从来没下过水，为什么还是船?

【帮你一把】一种高科技产品也叫“船”。

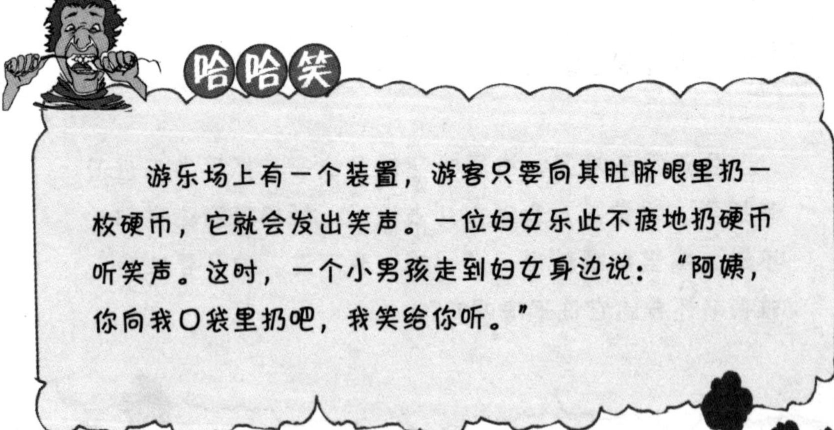

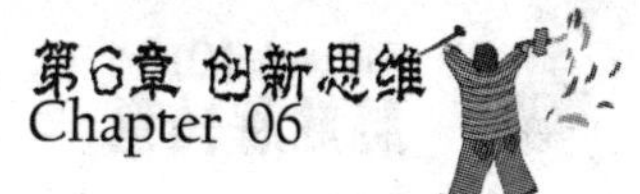

964. 有个人被恐龙一口咬住，又在嘴里嚼了好几下，为什么没有受伤?

【帮你一把】什么地方牙嚼不到呢?

965. 有一个东西，是青年人的婴儿期，中年人的青年期，老年人的整个过去，它是什么?

【帮你一把】和时间有关。

966. 有一天，一个植物专家，一个原子弹专家，一个动物专家在一个热气球上。此时，热气球直线下降，必须扔掉一个科学家，请问扔哪一个?

【帮你一把】和是否是科学家无关。

967. 遇到什么事情最好高抬贵手?

【帮你一把】手什么时候抬得最高呢?

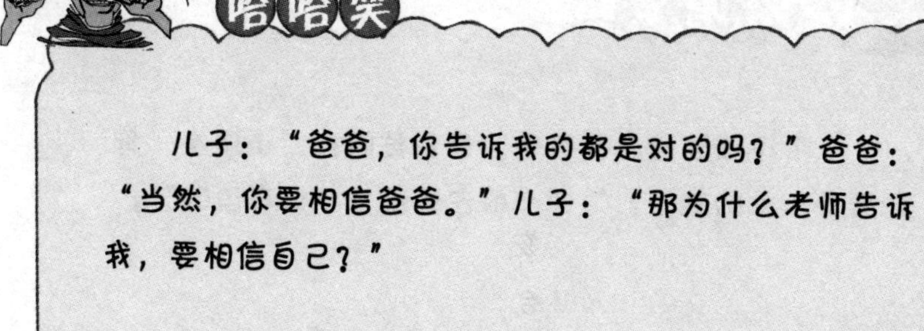

儿子："爸爸，你告诉我的都是对的吗？"爸爸："当然，你要相信爸爸。"儿子："那为什么老师告诉我，要相信自己？"

968. 月亮在什么时候完全不一样?

【帮你一把】想想关于月亮的一句俗语，答案自明。

969. 老张是出了名的拳手，为什么一戴上拳击手套反而让对手三下两下打下台去了?

【帮你一把】什么拳手不会打拳击呢?

970. 装模作样的人成功的途径是什么?

【帮你一把】答案在一句成语中。

971. 路边电线杆上蹲着一只猴子，司机小李看到就立刻停下车来，请问为什么?

【帮你一把】车在路上什么时候必须停下来?

972. 在冰天雪地的北极找不到防身的武器时该怎么办?

【帮你一把】北极最多的是什么？该怎么得到?

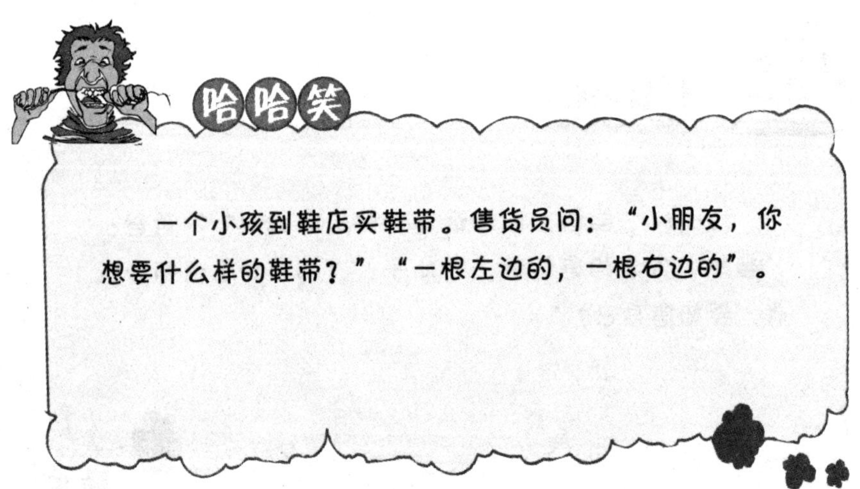

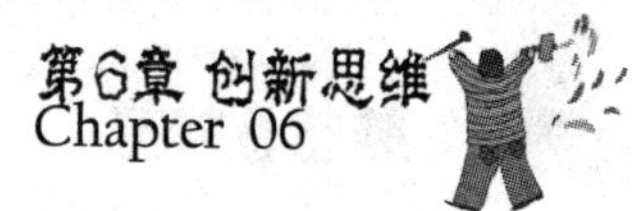

973. 在什么时候更确定自己是中国人？

【帮你一把】你在学校时经历过。

974. 怎么用两个硬币遮住一面镜子？

【帮你一把】不是一个硬币那样大的小镜子哟！

975. 有一种活动能够准确无误地告诉你：美人不是天生长出来的，而是七嘴八舌说出来的，这是什么活动？

【帮你一把】综艺节目中常有这种活动。

976. 用猪肝和熊胆做成的神奇肥皂，打一四字成语。

【帮你一把】在“肝”、“胆”和肥皂上做文章。

977. 债权和债务的最大区别是什么？

【帮你一把】和人的记性有关。

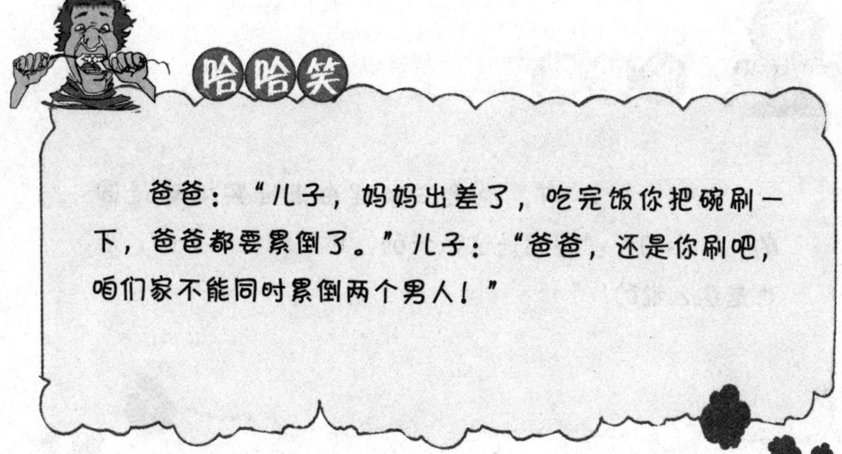

爸爸：“儿子，妈妈出差了，吃完饭你把碗刷一下，爸爸都要累倒了。”儿子：“爸爸，还是你刷吧，咱们家不能同时累倒两个男人！”

978. 这冰看起来就好像是张铝箔，打一四字成语。

【帮你一把】多念几遍，想想同音字，答案自明。

979. 只有头却没有身体的牛，叫做什么牛？

【帮你一把】在“只有头”上做文章。

980. 煮什么汤最“鲜”？

【帮你一把】在“鲜”上做文章，这不过是个文字游戏罢了。

981. 马要如何过河？

【帮你一把】可不是有血有肉的马哟！

982. 在“不，仁，王，O，吾”的“O”位置，应当填写“东，南，西，北，中”的哪个字？

【帮你一把】把两组字中的位置对应好，然后找其共同点。

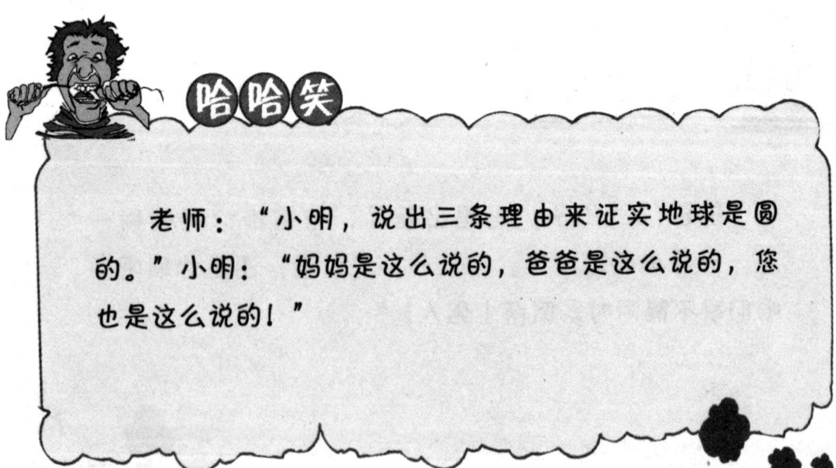

老师：“小明，说出三条理由来证实地球是圆的。”小明：“妈妈是这么说的，爸爸是这么说的，您也是这么说的！”

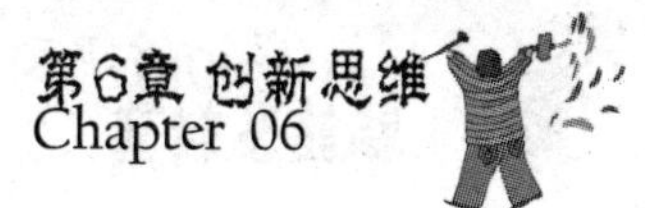

983. 钻进钱眼里的人最终会怎样?

【帮你一把】人人最终都一样。

984. 最不能在光天化日下见人的是什么东西?

【帮你一把】不是冰哟!

985. 什么东西薄薄一片,只有0.2厘米,但是它却可以装进你想要放的东西?

【帮你一把】装进去的未必是实物吧!

986. 最多人看不清楚的花是什么花呢?

【帮你一把】在"看不清楚"上做文章。

987. 美丽的公主结婚以后就不挂蚊帐了,为什么?

【帮你一把】蚊子怕什么呢?

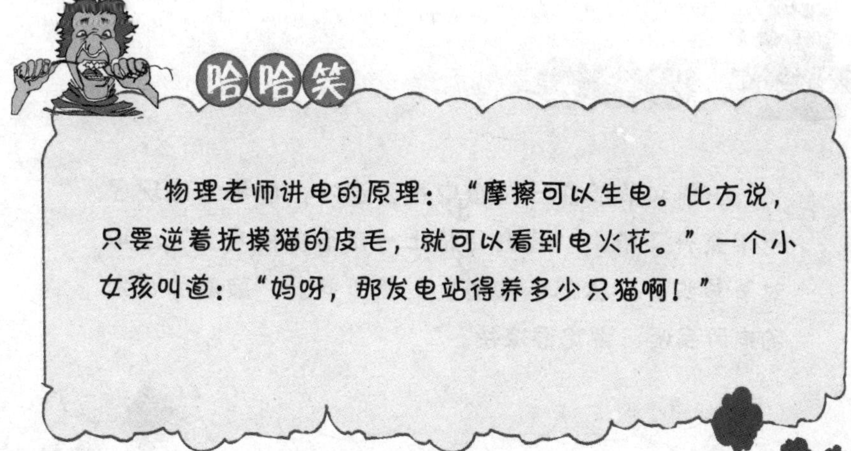

988. 最具有经济价值的瓜类是哪一种?

【帮你一把】想想童话中的南瓜有什么用。

989. 有一小木块浮在装水的容器中,在不把它往下压、不加重量的情况下,有办法使这小木块往下沉吗?

【帮你一把】可以在水上做文章。

990. 顶地立天是什么意思?

【帮你一把】注意,不是“顶天立地”哟,恰恰相反。

991. 有一种车没有一个轮子,这是什么车?

【帮你一把】在一种娱乐活动中会出现这种车。

992. 左眼跳财,右眼跳灾,如果左右眼皮一起跳呢?

【帮你一把】答案在一句成语中。

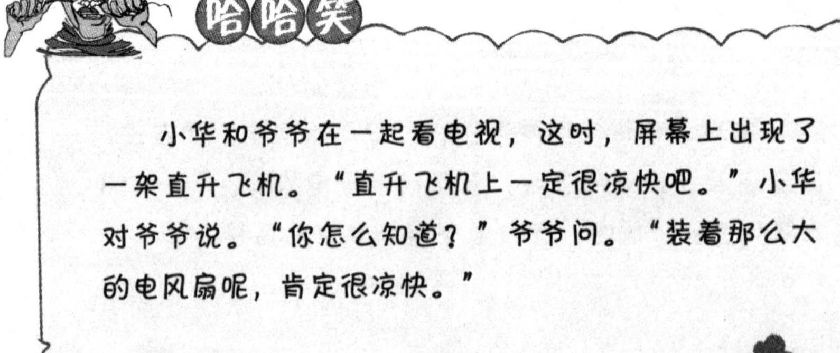

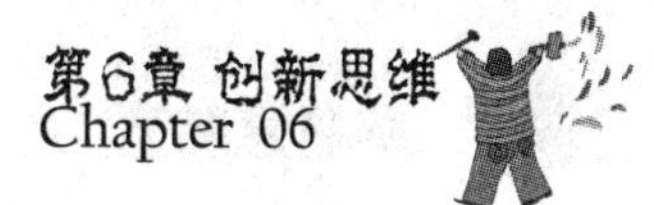

993.做什么事会身不由己?

【帮你一把】这个时候你肯定不清醒。

994.做什么事要从头来?

【帮你一把】在“头”上做文章。

995.一个人被刷成金色，猜一成语。

【帮你一把】多读几遍，再想想谐音字，答案自明。

996.一片草地……又一片草地……羊来了……狼来了……打四种植物。

【帮你一把】此消彼长，依次类推。

997.平平把鱼放在鱼缸里，不到十分钟鱼都死了，为什么?

【帮你一把】鱼在什么时候必死无疑?

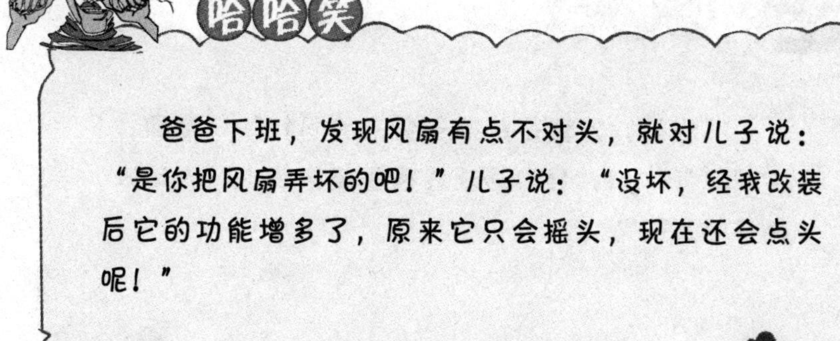

爸爸下班，发现风扇有点不对头，就对儿子说：“是你把风扇弄坏的吧！”儿子说：“没坏，经我改装后它的功能增多了，原来它只会摇头，现在还会点头呢！”

998.茉莉花、太阳花、玫瑰花哪一朵花最没力?

【帮你一把】答案在一句歌词中。

999.IX——这个罗马数字代表9，如何加上一笔，使其变成偶数?

【帮你一把】思路要会“拐弯”。

1000.什么人最高?

【帮你一把】答案在一句成语中。

1001.考试成绩下来了，平平的四门功课全是零分。老师却说比起某些同学来平平有一条是值得表扬的。老师指的是什么?

【帮你一把】至少平平是诚实的。

1002.电梯除了比楼梯省时省力之外，最大的好处是什么?

【帮你一把】走楼梯时要注意什么安全问题?

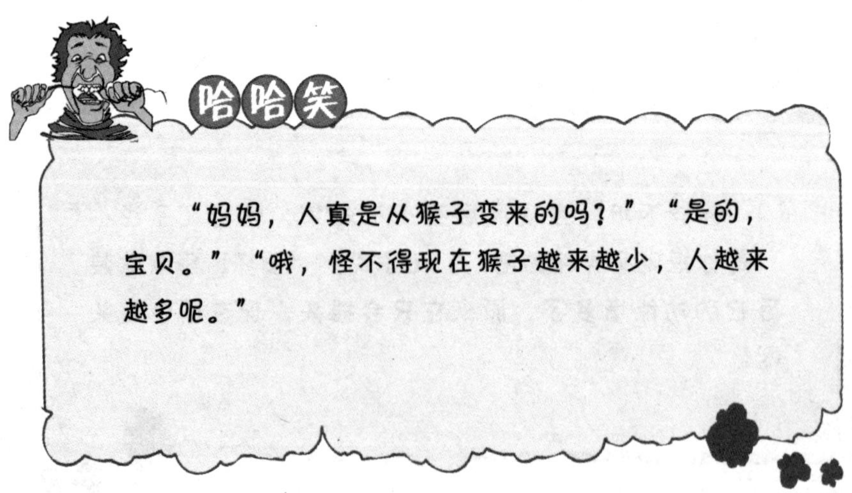

“妈妈，人真是从猴子变来的吗？”“是的，宝贝。”“哦，怪不得现在猴子越来越少，人越来越多呢。”

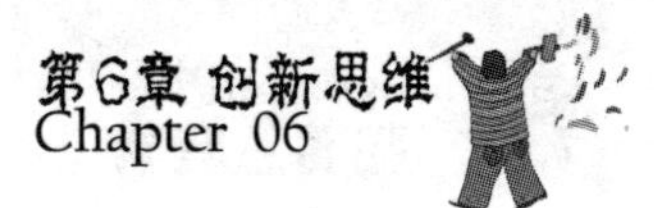

1003. 避孕药的主要成分是什么?

【帮你一把】“孕”和什么有关呢?

1004. 为什么老师从小就叮嘱我们要珍惜四支箭?

【帮你一把】答案在一句成语中。

1005. 有一种东西，买的人知道，卖的人也知道，只有用的人不知道，是什么东西?

【帮你一把】这是人最不想用的一种东西。

1006. 从一写到一万，你会用多少时间?

【帮你一把】可不是让你写一万个数字哟!

1007. 地球上哪一部分绝对照不到太阳?

【帮你一把】在“照”上做文章。

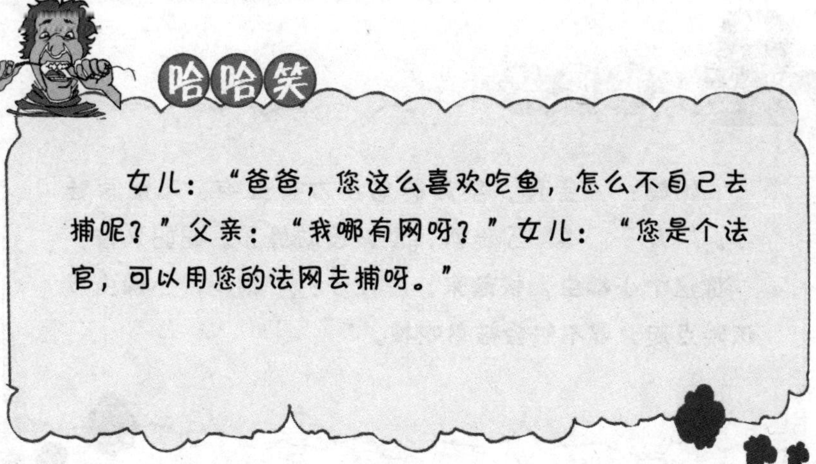

女儿：“爸爸，您这么喜欢吃鱼，怎么不自己去捕呢?”父亲：“我哪有网呀?”女儿：“您是个法官，可以用您的法网去捕呀。”

1008.星星、月亮、太阳哪一个是哑巴？

【帮你一把】答案在一句歌词中。

1009.班长告诉菜鸟，当拉开手榴弹的保险环之后，口中先数五秒再投掷出去，菜鸟一切都按班长指示动作，但仍被炸死了，为什么？

【帮你一把】数秒的时候超过五秒了，为什么？

1010.森林中有十只鸟，开枪打死一只，为什么其他九只不飞走？

【帮你一把】什么鸟不会飞？

妈妈："宝贝，早起的鸟儿才有虫吃，不能再睡了。"儿子"嗯"了一声，便又没动静了。妈妈又催："你这个小懒虫，快起来。"儿子："妈妈，小懒虫应该晚点起，要不然会被鸟吃掉。"

答　案

答案：

1答案：40。因为事实（40）胜于雄辩（熊便）。

2答案：莉莉。因为粒粒（莉莉）皆辛苦。

3答案：蜈蚣。因为无功（蜈蚣）不受禄。

4答案：布丁狗（不叮狗）。

5答案：因为这样老百姓去他的塑像前吐唾沫就方便了。

6答案：吃母乳。

7答案：其目的是为了嫁祸于人。

8答案：因祸得福。

9答案：布怕一万，纸怕万一。因为不（布）怕一万，只（纸）怕万一。

10答案：萧。因为削（萧）铅笔。

11答案：阿斗。因为扶（浮）不起的阿斗。

12答案：绝代佳人。

13答案：苏武。因为苏武牧羊北海边（被海扁）。

14答案：原来母鸡窝里有一个大鸭蛋。

15答案：金和钱。

16答案：还可以用来骂人。

17答案：出神入化（粗绳入画）。

18答案：子路，因为指鹿为马（子路为马）。

19答案：狼。因为桃太郎（淘汰狼）。

20答案：姓善。“人之初，性本善。”

21答案：曹操。因为说曹操曹操到。

22答案：可以成为哲学家。

23答案：冰淇淋（冰麒麟）。

24答案：蜈蚣还在门口穿鞋。

25答案：油腔滑调（油枪滑掉）的人。

26答案：诸葛亮（猪皮革亮）。

27答案：承包商说：“那你就能得到两条隧道！”

28答案：贵州。

29答案：树和马，因为树马（数码）相机。

30答案：你。因为傻瓜相机。

31答案：机不可失（湿）。

32答案：小蚂蚁想把大象拌倒。

33答案：“既”生瑜，“何”生亮。

34答案：狗胆。因为狗胆包天。

35答案：张冠李戴（脏冠里戴）。

36答案：吹牛皮。

37答案：因为菩萨看不懂英文。

38答案：晒黑。

39答案：橡皮。因为橡皮擦（橡皮差）。

40答案：单身汉。

41答案：后悔药。

42答案：付钱的男人。

43答案：打碎。

44答案：其实你不懂我的心。

45答案：闭上眼睛，眼不见为净。

46答案：炒鱿鱼。

47答案：它用一只脚捏着鼻子呢。

48答案：他要验证一遍。

49答案：伤心。

50答案：放假。

51答案：把表抛出去。

52答案：监考老师。

53答案：白雪公主与包公。

54答案：肉跟你装熟。

55答案：好色之徒。

56答案：他想请教如何在半夜回家而不把老婆吵醒的秘法。

57答案：这就是懒惰。

58答案：因为猪肉涨价了。

59答案：合订本。

60答案：因为当时不急着用钱。

61答案：秃头的人。
62答案：生了一堆毛毛虫。
63答案：倒立。
64答案：幸好牛顿不是坐在榴莲树下发现地心引力的。
65答案：这些都是钱。
66答案：气球。
67答案：光着脚走。
68答案：有太多的女人。
69答案：欠踹。
70答案：他总想露一手。
71答案：用力。
72答案：蝙蝠。不修边幅（不休蝙蝠）。
73答案：秋波。
74答案：没有，吃苦头的是法国人。
75答案：拜年、祝寿。
76答案：兔崽子，龟儿子。
77答案：与狼共舞。
78答案：多多保重。
79答案：你还不知道这里有航船吗?
80答案：信用卡。
81答案：邻居，因为他一练琴他们就别想睡。
82答案：在床上。
83答案：一屁股的债。
84答案：怕有人伤心。
85答案：去天堂占位置。
86答案：幻想小说。
87答案：打一打自己的嘴巴，不要再做梦了。
88答案：打电话向别人要钱。
89答案：稀饭贵，物以稀为贵。
90答案：九头牛（九牛一毛）。
91答案：上尉入伍前是个摆水果摊的。
92答案：脑袋。
93答案：笨蛋。
94答案：这不是拿乞丐的钱养活家人吗?
95答案：乌鸦嘴。
96答案：熊猫，你看它的黑眼圈。
97答案：烟鬼。
98答案：这个人吓昏过去了。
99答案：吃火锅的时候。
100答案：一公一母时。
101答案：上帝。
102答案：心眼儿。
103答案：伤脑筋。
104答案：在厕所里的时候。
105答案：洗澡。
106答案：在手术台上时。
107答案：闭嘴。
108答案：100（百依百顺）。
109答案：人鬼联姻。
110答案：药店。
111答案：钱包。
112答案：牢房。
113答案：宰相。宰相肚里能撑船。
114答案：他想中分。
115答案：亚当和夏娃。
116答案：爱化妆的女人。
117答案：绝响。
118答案：医生说他“心怀鬼胎”。
119答案：你可以请别人吃糖，但不可以请别人吃醋。
120答案：只有这样才能回收一部分薪水。
121答案：前功（公）尽弃。
122答案：因为老婆不会只拿走一半。
123答案：红颜薄命。
124答案：因为穿高跟鞋很容易被男人

答案：

追上。
125答案：喝水时会漏。
126答案：晒的面积比较大。
127答案：老师不是说“一心不能二用”吗！
128答案：热胀冷缩。
129答案：谎话。
130答案：因为他们的脖子长，一点点食物都要走很长的路才能到肚子里。
131答案：你听过有人说自己没有良心吗？
132答案：医生。
133答案：睡前开好闹钟。
134答案：香港脚。
135答案：下课。
136答案：右手。因为右手的小指受伤不影响写字。
137答案：他只吃瘦肉。
138答案：一失足成千古恨。
139答案：鸡蛋还没有落地。
140答案：做梦的时候。
141答案：做梦娶媳妇。
142答案：登上月球的时候。
143答案：新郎官。
144答案：田鸡。
145答案：都是中国人。
146答案：老虎不吃草。
147答案：一两等于十钱，一斤100钱。
148答案：领衔主演每个片子都有呀。
149答案：明天的明天。
150答案：天知道。
151答案：当一个口吃的人叫你的时候。
152答案：聋子。
153答案：转过身用后腿抓。
154答案：猫只会生小猫，不会生跳蚤。
155答案：变形金刚的设计者。
156答案：钥匙。
157答案：为了给爸爸省钱。
158答案：因为他可以看见月亮，却看不见日本。
159答案：别人身上。
160答案：他按的不是电灯开关。
161答案：赶快假装昏倒。
162答案：他自己的脚。
163答案：那可太脏了。
164答案：衣服湿了。
165答案：记得起床。
166答案：心眼。
167答案：那要嘴巴干什么？
168答案：当然可以，0：0。
169答案：它就会栽下来。
170答案：女人。
171答案：一个收费，一个不收费。
172答案：在弹药运输车上。
173答案：没砸到。
174答案：那是只假老虎。
175答案：儿子虽然有音乐天分，但唱歌的声音太难听了。
176答案：没人吃鱼。
177答案：捡起来。
178答案：存折或支票上的数大就是美。
179答案：一个也没有掰到，果园里没有玉米。
180答案：你几岁就是几岁。
181答案：新品种。
182答案：各自的家中。
183答案：因为不动的比较好打。
184答案：用筷子。
185答案：还是猴子。

186答案：当然会玩得很开心啦。
187答案：考卷上的。
188答案：踏上另一只脚。
189答案：地球仪。
190答案：没人找他签名。
191答案：他的藏书就是这样来的。
192答案：沉到江底。
193答案：最不喜欢的那件。
194答案：你就是船主，年龄还需要算吗？
195答案：医院里。
196答案：当铺。
197答案：美貌。
198答案：惨叫声。
199答案：她是个女的。
200答案：一只也没有。
201答案：当然活到死的时候。
202答案：一前一后。
203答案：厕所。
204答案：头比较痛。
205答案：人。
206答案：怕什么，他不是还有一只左手嘛。
207答案：致命。
208答案：神经病。
209答案：门忘锁了。
210答案：多心的人。
211答案：脸蛋。
212答案：走桥。
213答案：水龙头里。
214答案：力气。
215答案：怪物。
216答案：不坐车。
217答案：看见猫的老鼠。
218答案：米老鼠。
219答案：可以，用中国话即可。
220答案：没有，全是婴儿。
221答案：该修理的时候。
222答案：电影、电视剧里的人。
223答案：书上的。
224答案：谜底。
225答案：医生。
226答案：天知道。
227答案：上床睡觉。
228答案：“春风吹又生”，它们一辈子也吃不完。
229答案：那当然是由它的爸爸妈妈养大的。
230答案：会被偷走。
231答案：当水变成冰时。
232答案：因为他跑去追羊。
233答案：缩两只脚不就摔倒了？
234答案：没有人敢去劝架。
235答案：他的字典是法文。
236答案：是来看不停摇头的毛病。
237答案：树不会跳。
238答案：除非你喝了它。
239答案：缺一不可（book）。
240答案：都在呼吸。
241答案：接生的人。
242答案：屈原烧“头七”的日子。
243答案：淋浴。
244答案：做梦吧！
245答案：反正都赔不起。
246答案：还剩下一个洞。
247答案：把眼睛闭上。
248答案：变湿了。
249答案：大白天开什么灯呀！
250答案：小明。
251答案：他打电话的时候。

答案：

252答案：从笔尖开始。
253答案：可能，是个玩具地球。
254答案：小刘没比赛。
255答案：孕妇。
256答案：穿上防弹衣。
257答案：一个人，其他人没说去。
258答案：没有。
259答案：小李是老师。
260答案：手套。
261答案：那礼物是一只足球。
262答案：可能，此车在下坡时。
263答案：电报。
264答案：碰碰车。
265答案：去掉两点。
266答案：三胞胎或多胞胎中的两个。
267答案：水面。
268答案：冰块。
269答案：阳光。
270答案：长大成人实现了愿望。
271答案：空气和光。
272答案：你的名字。
273答案：姓名。
274答案：他们是兄弟，一个是年初生的，一个是年末生的。
275答案：风。
276答案：太阳。
277答案：流星。
278答案：19年。
279答案：大象的影子。
280答案：橡皮擦、香皂等。
281答案：水。
282答案：因为当时火车还没开动。
283答案：河流。
284答案：数字6。
285答案：年龄。
286答案：先打开冰箱门。
287答案：扫帚。
288答案：日报。
289答案：眼镜。
290答案：不对，因为是平均深度，并不能保证有的地方不会深于1.4米。
291答案：青蛙。
292答案：纸飞机。
293答案：影子。
294答案：5个角。
295答案：球门。
296答案：水枪、发令枪。
297答案：两个人的时候。
298答案：因为捕蚊灯没有通电。
299答案：婴儿。
300答案：抑扬顿挫（一羊蹲错）。
301答案：算盘运算。
302答案：停着不走的表。
303答案：剪自己的手指甲。
304答案：溜冰鞋。
305答案：玩具车。
306答案：空气。
307答案：X光片。
308答案：血液。
309答案：地球。
310答案：每个月都有。
311答案：豆花。
312答案：这是一家兽医院。
313答案：用照相机。
314答案：在铁轨上。
315答案：加个“.”成为“0.1”。
316答案：动物的脚。
317答案：跳水运动员。

答案：

318答案：这是一间空房子。
319答案：卖鞋的人。
320答案：晒衣架子。
321答案：关上车门。
322答案：油表的指针。
323答案：在车里向着与车行驶方向相反行走。
324答案：打火机怎么能剔牙齿呢？
325答案：《康熙字典》是清朝人编的。
326答案：两个面，里面和外面。
327答案：因为他准备要洗澡了。
328答案：五个。
329答案：蚊子。
330答案："井"字切。
331答案：一束花。
332答案：孔雀。
333答案：该地正在举行跳水比赛，他是参赛选手之一。
334答案：家所在的学校不是他上学的学校。
335答案：阿福是聋子。
336答案：因为他是一个古董收藏家。
337答案：因为他们正在下象棋。
338答案：狮子笼是空的。
339答案：因为这个孩子还是个胎儿。
340答案：车速一样，两个半小时加起来就是一个小时。
341答案：因为他是飞行员。
342答案：干咖啡。
343答案：她在洗别人的衣服。
344答案：另外一只脚站在地上。
345答案：他在屋外。
346答案：圣诞老人。
347答案：别人请客。
348答案：小波比是个木偶。
349答案：小戴在北极。
350答案：阴云遮住了太阳。
351答案：大学一年级。
352答案：明天。
353答案：因为那鸡蛋是生的。
354答案：因为他是光头。
355答案：第二天不是考英语。
356答案：是自己的。
357答案：他们是对门邻居。
358答案：游泳池中没有水。
359答案：上楼乘电梯，下楼走楼梯。
360答案：很简单，他们面对面站着。
361答案：小楼是女的。
362答案：是往屋里跳。
363答案：因为小立是狗。
364答案：篮球的篮。
365答案：今天停电。
366答案：盲人是会说话的呀。
367答案：他在水里游泳。
368答案：鼻涕和眼泪。
369答案：哑铃。
370答案：飞机停在地上。
371答案：他给了老板80元。
372答案：那只大黑熊是个标本。
373答案：别人的房间。
374答案：他在照片上。
375答案：妈妈背着他上楼。
376答案：因为这两页是印刷在一张纸上的。
377答案：送人了。
378答案：卡车司机在走路。
379答案：他在打出租车。
380答案：他们一家在看电视。

答案：

381答案：小明是老师。
382答案：因为那个警察是女的。
383答案：小平睡着了。
384答案：他买的是玩具跑车。
385答案：他走的是高速公路。
386答案：每个人都只有一只右眼。
387答案：信誓旦旦。
388答案：他是射箭的神射手。
389答案：小王是个婴儿。
390答案：4个。
391答案：自动门。
392答案：赤道。
393答案：右手。
394答案：每个字两角。
395答案：错，杯子中还有空气。
396答案：狗不出汗。
397答案：两个。
398答案：黄豆和黄豆之间有不小的缝隙，而芝麻也有可能在这缝隙之间，所以如果将它们混合在一起的话，它们的体积少于2升。
399答案：他越过北极点再向前走就是南方。
400答案：在空中。
401答案：司机也是一个行人。
402答案：呼吸。
403答案：警察打车。
404答案：三人四份快餐。
405答案：指挥者。
406答案：望远镜。
407答案：不能，因为“1+2+3……+10”=55。
408答案：依然是五只鸡。
409答案：“达可号”是潜水艇。
410答案：8+8+8+88+888
411答案：他只要大声吼叫就可以了。
412答案：女孩结婚了。
413答案：还没起飞。
414答案：因为客人来卖东西。
415答案：他已经开过了。
416答案：原来高先生是那辆巴士的司机，所以他无须让座。
417答案：自己打呼噜的声音。
418答案：是左脚。
419答案：光。
420答案：零根。在轨道上铺上枕木，列车就要出轨了。
421答案：因为他是爸爸。
422答案：田先生是坐在以时速200公里行驶的火车内，用手碰触车厢内侧。
423答案：黑板。
424答案：钉子。
425答案：因为考的是判断题。
426答案：阿拉伯数字。
427答案：都不是，是天方夜谭。
428答案：冠军。
429答案：废品收购者。
430答案：他是针灸师。
431答案：打开本子。
432答案：公蚊子是不咬人的。
433答案：他正在瞄准。
434答案：张三问的是时间。
435答案：那是他刚出生的时候。
436答案：飞行员。
437答案：是电笔。
438答案：狗。
439答案：握手。
440答案：是鸡毛掸子。
441答案：日期。

442答案：把气放掉然后把气球使劲扔天上去。

443答案：梦。

444答案：因为她的衣服只有拉链没有扣子。

445答案：他们自己。

446答案：二月份。

447答案：他们讲哑语呀。

448答案：不孕症妇女根本就生不出孩子。

449答案：这两对母女是外婆、妈妈、女儿。

450答案：睁眼。

451答案：山羊无论公母都长胡子。

452答案：海关检查员。

453答案：因为这是一辆献血车。

454答案：茶叶蛋还没有煮好。

455答案：半条虫子。

456答案：衣架。

457答案：人。

458答案：因为日期不一样。

459答案：寄生在人身体上的寄生虫。

460答案：每年的3月30日。

461答案：当然从枪口里出来。

462答案：儿童用品制造商。

463答案：那是阴币。

464答案：列队的教官。

465答案：产床上。

466答案：一次只能淘汰一个队，故需要99次。

467答案：大象的右耳朵。

468答案：买鸭蛋。

469答案：飞机。飞机飞得越高看上去越小。

470答案：两张考卷交得都是白卷。

471答案：六边形的铅笔一共有8个面，上下两个面容易被遗漏。那么圆形的铅笔就有3个面了。

472答案：本人已经死了，所以当然就不可能结婚了。

473答案：当然是你自己的鼻子。

474答案：罗马数字没有零。

475答案：很简单，做个拉灯的动作。

476答案：产房。

477答案：耳光。

478答案：一样水平。冰化了，西瓜滚了。

479答案：地球（自转一周）。

480答案：一只。

481答案：飞机上。

482答案：写在五线谱上面时。

483答案：电车是没有烟的。

484答案：他读了小学2年级，初中2年级，高中2年级。

485答案：姓名。

486答案：害羞的斑马。

487答案：因为那男子是电影里的主人公。

488答案：因为他是牙科医生。

489答案：理发师。

490答案：大门检修，请走侧门。

491答案：九根。

492答案：人，他们飞到过月球。

493答案：因为其中两个是女的。

494答案：水。

495答案：因为凶手自首了。

496答案：是从地基开始的。

497答案：袜口。

498答案：翘翘板。

499答案：外国人用汉语与他交谈。

500答案：因为他骑的健身车。

答案：

501答案：耳聋能听到电话吗？
502答案：只要让卡车拖着铁链过桥就可安全。
503答案：用哪只手都不卫生，还是用勺子好。
504答案：她有月票。
505答案：被风吹熄了。
506答案：原来他们都同时收听英语广播讲座节目中的发音练习。
507答案：朝天。
508答案：喝酒，可以让人变成酒鬼。
509答案：因为他们喝醉了。
510答案：他自己。
511答案：水退后高桥露出来，而低桥一直淹着。
512答案：因为他是个中医。
513答案：画在自己身上。
514答案：看守所。
515答案：因为那家伙在它的肚子里踢。
516答案：他丢的是隐形眼镜。
517答案：火柴棒。
518答案：年龄。
519答案：8个。
520答案：小猫离佳佳越来越远了。
521答案：一棵被伐倒的树。
522答案：只有一个乘客。
523答案：他卖的是旧报纸。
524答案：芭蕾舞演员。
525答案：水涨船高，软梯永远不会被淹。
526答案：水。
527答案：他在写班级、座号、姓名。
528答案：老李是警察。
529答案：老王是理发师。
530答案：车上有空位。
531答案：剃光。
532答案：老张是牙科医生。
533答案：8个子女，妹妹最小。
534答案：站在与倾斜方向相对的地方看。
535答案：因为钥匙被投到信箱里了，还是拿不到。
536答案：三代人。
537答案：9盘不全是他们两个人一起下的。
538答案：将大卡车轮胎的气稍稍放掉一部分，使其降低2厘米即可。
539答案：他们分别在河的两边。
540答案：他们不在同一个班。
541答案：他死了。
542答案：牛没栓在树上。
543答案：停电了。
544答案：药草。
545答案：用吸管。
546答案：1、1、2、7，其中有一对双胞胎。
547答案：72小时以后还是半夜12点，不会出太阳。
548答案：医院。
549答案：11炮。
550答案：屠夫是女的。
551答案：上演的是哑剧。
552答案：他孙子是那个播音员。
553答案：古董车。
554答案：水。
555答案：拔河。
556答案：因Y侦探本身就是凶手。这是经验丰富的智者必须认真对付的问题。
557答案：一样多。因为不论有多少兄弟姐妹，最大的人就是有弟弟（或妹妹）最多的人，而最小的人就是有哥哥（或姐姐）最多的人，其余的人除了有兄姐也有弟妹，因此比例是一比一。

558答案：理发师。

559答案：鸡血。

560答案：会写阿拉伯数字。

561答案：窗户。

562答案：这本书的价钱是5元钱；哥哥没有钱，弟弟有4元9角。

563答案：眼球。

564答案：因为不在同一个地方。

565答案：苹果放在你头上。

566答案：你自己。

567答案：做梦。

568答案：妈妈。

569答案：刚出生在哭。

570答案：儿子、母亲、舅舅。

571答案：影子。

572答案：不相信，因为弟弟在梦中被吓死不可能告诉她梦的内容。

573答案：一个小朋友连馒头和盆一起拿走。

574答案：十支。

575答案：老王是盲人，他在读盲文。

576答案：备用胎。

577答案：拿几块大石头放到船上船就会下沉一些。

578答案：报时钟。半点敲一下，整点是几则敲几下。所以接下来是1、3、1、4等。

579答案：晚上当然没有太阳。

580答案：9。

581答案：买的是假发、假牙、假肢……

582答案：六十。

583答案：自己的头顶。

584答案：地上。

585答案：从缸底部打个洞取水，因为水的比重比油大。

586答案：一厘米。

587答案：每次都是看一会儿睡一会儿。

588答案：在公路的另一边。

589答案：刚买还没穿。

590答案：其他人都向后退了一步。

591答案：没有下雨。

592答案：129（把6的卡片翻过来就是啦）。

593答案：一支也不剩。

594答案：车是他的。

595答案：沙子。

596答案：从修理费里。

597答案：今天是他八岁生日。

598答案：A车道有下坡路段，使距离变长。

599答案：满分是一百分。

600答案：闭上左眼时。

601答案：鬼才要。

602答案：扬眉吐气。

603答案：血管。

604答案：咽下最后一口气。

605答案：他住地下室。

606答案：他住一楼。

607答案：因为穿着鞋子。

608答案：用一条比桥长的绳索牵引，使两部车不同时在桥上就可通过。

609答案：“青竹蛇”最长，有三个字。

610答案：人山人海。

611答案：“不知道”这三个字读什么?

612答案：两个人。

613答案：号码不一样。

614答案：后面的草都吃光了。

615答案：她太太的左眼和右眼。

616答案：走的人名字叫全部。

答案：

617答案：光线。
618答案：难怪。
619答案：那不是一颗苹果树。
620答案：癌症、艾滋病等绝症。
621答案：理发师。
622答案："复活节"那天。
623答案：以前是亿万富翁。
624答案：公安机关。
625答案：他在吃甘蔗（或抽烟）。
626答案：为了念更多的书。
627答案：嘴巴。
628答案：他是昏过去了。
629答案：人当然有后背。
630答案：大柱想只要微菌长得很多，便可吃掉屋里的垃圾，使室内干干净净。最后再喷杀虫剂一网打尽即可。
631答案：南来是往北，北往也是往北，同时过桥就是。
632答案：两个面。一个外面，一个里面。
633答案：阿拉丁选择其中的一个信封后，没有打开而是把它撕成了碎片，然后请国王读一下另一个信封里他没有选择的命运。
634答案：因为每天工作8小时，三天正好24小时。
635答案：平行线。原因：平行线没有相交（香蕉）。
636答案：煤气工人。
637答案：瓜。
638答案：薪水。
639答案：不会停，它会一直沉下去。
640答案：遗照是最后一张玉照。
641答案："坏"字。
642答案：不知道。
643答案：让世界了解了准时的好处。
644答案：把水改名字。
645答案：开电梯的。
646答案：因为他只瞎了一只眼。
647答案："错"字。
648答案：编剧。
649答案：拿一根长的跟它比。
650答案：诗还在书上。
651答案：都不是，他是神。
652答案：他想到要挖那么大一个坑，就哭了。
653答案：午餐和晚餐。
654答案：国家。
655答案：海尔-波普彗星，千年才见一次。
656答案：当然是死人了。
657答案：长工笑着说："老爷，你身上怎么长出一张人皮？"
658答案：阳奉阴违（羊phone鹰"喂"）。
659答案：他是个建筑工人。
660答案：学生乙是这样问的："教授，我们吸烟时学习行不行？"
661答案：名字叫"王霸"的人。
662答案：还有一瓶是可乐以外的其他饮料。
663答案：电脑可以搬家，而人脑不行。
664答案：把杂志掀开三分之一放在桌边，自然就不会掉下来了。
665答案：不能放大任何东西，只是看起来大。
666答案：关狮子的笼子里。
667答案：与。
668答案：新娘。
669答案：因为怕他们谈恋爱。
670答案：大女儿，因为姜还是老的辣。
671答案：一个，因为再吃的时候就不是空着肚子了。

672答案：他有恐高症。

673答案：因为他连续看了两次医生。

674答案：就是同年同月同日结婚。

675答案：提高老师的地位。

676答案：因为年年都被炒鱿鱼。

677答案：尼克考了6门，雅克考了7门。

678答案：红萝卜。

679答案：铁轨。

680答案：和它的另一半很像。

681答案：吃亏。

682答案：两个在外面，一个在肚子里面。

683答案：孔子把儿子牵在身边，而孟子把儿子放在头上！

684答案：医院。

685答案：袜子。

686答案：棋盘上的楚河。

687答案：开夜车。

688答案：漆黑的公路是公路的颜色，当时是白天。

689答案：他在等秘书替他写。

690答案：恐高症。

691答案：环保署。

692答案：脚下。

693答案：女友认为他现在没有真心爱她。

694答案：中国话。

695答案：棋盘上。

696答案：蜈蚣（因为无功不受禄）。

697答案：原来小慧是女交警，故能盘检大卡车。

698答案：怕遭到不白之冤。

699答案：烟花。

700答案：不停地翻跟头。

701答案：捣蛋鬼。

702答案：有勇（游泳）无谋（哞）。

703答案：风（蜂）和日丽（日历）。

704答案：拿主意。

705答案：假牙。

706答案：墙头草，风吹两边倒。

707答案：爱斯基摩人。

708答案：老死。

709答案：把它榨成汁，再平分成三杯。

710答案：救火车。

711答案：比如，情报小组除去两名汉奸还有8名成员。

712答案：三寸不烂之舌。

713答案：爆竹。

714答案：敬酒不吃吃罚酒。

715答案：本街最好的裁缝。

716答案：因为她常常强人所难。

717答案：其实应该这么念：三石六个筐，九只船来装，装单不装双，看你怎么装？三个石头六个筐，刚好九只船来装，所以方法很简单。

718答案：能，咬破手指，用血写。

719答案：穿裤子时，两条裤腿加两条腿等于两条穿裤子的腿。

720答案：在别人身上看到时。

721答案：在被打劫的时候。

722答案：很简单，加顿号。

723答案：患有严重健忘症的人。

724答案：将其中一个加号加上一撇即可。（545+5=550）

725答案：10（从中间分）。

726答案：浴室。

727答案：胆。胆大包天。

728答案：他丢掉了坏习惯。

729答案：兼听则明。

答 案：

730答案：当别人欠自己钱的时候。

731答案：地狱和天堂。

732答案：天国。

733答案：因为这位男主角的扮演者刚过世，正在放映他生前最优秀的影片，而观众越看越怀念他，也就越伤心了。

734答案：这里是地球吗？

735答案：母牛。

736答案：爱河。

737答案：只看封面。

738答案：角度。

739答案：搞发明。

740答案：废品。

741答案：声音。

742答案：破洞。

743答案：时光。

744答案：他戴的是假牙。

745答案：人造卫星。

746答案：火花。

747答案：高兴死了。

748答案：改天再告诉你。

749答案：跳伞的人被自己的伞打了。

750答案：天长地久。

751答案：口袋。

752答案：蜗牛。

753答案：尼姑。

754答案：地球。

755答案：观“光”客。

756答案：植物人（光合作用）。

757答案：从镜子里。

758答案：级上写着：不要念出此文。

759答案：鞋底破了一个洞。

760答案：拔牙后再镶牙。

761答案：倒着开。

762答案：地震以后。

763答案：8。

764答案：因为那是电视广告。

765答案：游戏。

766答案：银河。

767答案：菜谱。

768答案：秤。

769答案：不要“争”了。

770答案：瞌睡。

771答案：醉鸡（坠机）。

772答案：情意。

773答案：眼皮。

774答案：卫生球。

775答案：心比天高。

776答案：什么也没有说，当时他被电麻了。

777答案：他认为那本书太枯燥了。

778答案：弥勒佛。

779答案：枕头和床。

780答案：3和0。两个7，上下连在一块，可得到一个“3”；一反一正，扣在一块，可得到一个“0”。

781答案：结婚。

782答案：闭着眼睛睡觉。

783答案：40张。因为课室里只有40张桌子和椅子。

784答案：画家说：“这叫做富贵无边呀！”

785答案：小象。

786答案：戴了一个戒指的人。

787答案：七嘴八舌。

788答案：不，因为他只背了“论语”两个字。

789答案：旧金山。

790答案：因为他没有去看电影呀。
791答案：1懒惰，2勤劳。原因：一（1）不做二（2）不休。
792答案：嘴。
793答案：你不是哑巴。
794答案：因为还活着，不能埋葬。
795答案：过目不忘（过木不汪）。
796答案：全部死亡。
797答案：当你手拿着谜语猜不出的时候。
798答案：念“北京大学”四个字的时间。
799答案：狼。因为：卧虎藏龙（wolf藏龙）。
800答案：因为星星会闪。
801答案：就是他死了这件事。
802答案：因为他只会数一数二。
803答案：脍炙人口（筷至人口）。
804答案：一点（犬子，太子）。
805答案：它已长成大猫了。
806答案：都是妈妈生的。
807答案：白字就是错别字。
808答案：再去买一根。
809答案：黑鸡，黑鸡会生白蛋，白鸡不会生黑蛋。
810答案：天上。“黄河之水天上来。”
811答案：地震的时候。
812答案：画家。
813答案：乌龟。
814答案：只是想，不用花钱。
815答案：明天。
816答案：他想让大家知道秃头多么难看。
817答案：不高兴，下午还有半天课。
818答案：枣。澡和枣同音。
819答案：因为额头上有个月亮，月亮都是晚上出来。
820答案：他们是手指头。
821答案：没钱买药。
822答案：老王是个守财奴。
823答案：背了就会多分。
824答案：因为雨天漏雨，晴天不漏雨。
825答案：妈妈让爸爸修理小明。
826答案：一只不卖。
827答案：自己的葬礼。
828答案：细菌的儿子。
829答案：拿破仑说的是中文，士兵怎么听得懂。
830答案：大连。
831答案：天衣。因为天衣无缝（phone）。
832答案：国家。
833答案：“坏”字。
834答案：都是人。
835答案：惊弓，因为惊弓知鸟（惊弓之鸟）。
836答案：亲戚关系。
837答案：不知道的东西。
838答案：应该长到碰着地面。
839答案：因为蚕会结茧（节俭）。
840答案：一个太难上，一个太难下。
841答案：因为总经理太高而女秘书又太矮。
842答案：因为蛋坏了以后能浮上水面来。
843答案：压它一下，因为鸦雀无声（压雀无声）。
844答案：蔬菜。
845答案：喜剧没人喜欢看，就成悲剧了。
846答案：“英语”中没有字母，是中文。
847答案：是“月”字。
848答案：没做饭。
849答案：当然是栋梁的蛀虫了。

答案：

850答案：将“不”字去掉。
851答案：老天爷。
852答案：因为那森林里没有人。
853答案：那是他自己的家。
854答案：怕把自己的手咬到。
855答案：手，脚。
856答案：无价之宝。
857答案：拉链。
858答案：规定他们以后站着吃。
859答案：有备而来（有bear来）。
860答案：骡子等杂交动物。
861答案：蚊子。
862答案：傻瓜。
863答案：插一只翅膀给它（插翅难飞）。
864答案：绑票。
865答案：太监。
866答案：既然什么事都相左，当然太太说想离婚，先生就会说不想离婚。
867答案：等于小白兔。原因：小白two。
868答案：死了的人。
869答案：切生日蛋糕之时。
870答案：脚踩在钉子上，钉子先穿过鞋再穿过袜子。
871答案：亚当与夏娃打架的时候。
872答案：秘书。
873答案：天书。
874答案：医学书。
875答案：枪林弹雨。
876答案：“没用”两个字。
877答案：时钟本身都不会走。
878答案：棺材店。
879答案：钢琴。
880答案：电脑。
881答案：厨师。
882答案：失眠。
883答案：在风筝上写上“十万个”。
884答案：铁锤当然不会破。
885答案：看不了电视节目，但可以看着电视机。
886答案：因为王先生搭乘的列车出轨了。
887答案：因为站久了脚会酸。
888答案：不系皮带裤子会掉下来。
889答案：因为爱情是盲目的。
890答案：因为市场不能来。
891答案：人有好多个，就是没有半个。
892答案：因为她坐不下去。
893答案：为了使别人不撞到自己。
894答案：象棋越下越少，围棋越下越多。
895答案：因为他本身就写了个“错”字。
896答案：小李说：“我可以把你吃下去。”
897答案：一分钱买不到什么玩具。
898答案：他在吹电扇，电扇没有吹他。
899答案：在中国象棋中。
900答案：蛀书虫。
901答案：当然是一个人两个橘子，只是一个人连塑料袋一起给他。
902答案：生“日”快乐!
903答案：明天。
904答案：因为墨水不值钱啊。
905答案：发现原来自己是白天鹅。
906答案：他不想摸黑回家。
907答案：因为他赛跑输给了乌龟哭红的。
908答案：拖鞋。
909答案：榨成汁。
910答案：因为他们是爱死寂寞的人。
911答案：南“无”阿弥陀佛。
912答案：如果走，那太慢了。
913答案：腿长了，生下的蛋会被摔破。

914答案：都死了，还救什么?
915答案：出了门就是门外汉了。
916答案：因为蟑螂没有辩护律师。
917答案：打电话当然比写信方便。
918答案：没有人敢叫它起床。
919答案：铜婚，银婚，金婚……越老越牢固。
920答案：乌龟是只忍者神龟。
921答案：鞋袜。
922答案：把鸡亲口吃了来辨别母鸡的老嫩。
923答案：他忘了带染发剂。
924答案：打死野生保护动物老虎。
925答案：先有男人，因为男人是先生的，所以叫先生。
926答案：爱讲脏话的人越来越多了。
927答案：外星话。
928答案：他们在划拳。
929答案：他一直在吃亏。
930答案：小红帽今天没有戴帽子。
931答案：苦海。苦海无边。
932答案：和镜中的小华。
933答案：每个口袋各装2个苹果，最后将所有4个口袋装进第5个口袋中。
934答案：老马识途（老马市图）。
935答案：面面俱到（盗）。
936答案：儿子在偷笑呀。
937答案：怕笑话到时候不新鲜。
938答案：大牛是人。
939答案：酒精。
940答案：他专门在电视上模仿名人的动作和声音。
941答案：不能玩猜拳。因为两小无猜。
942答案：那两只看到同伴笨得上当活活笑死了。
943答案：在饭店里。
944答案：没有人来喝喜酒。
945答案：他拿去刷皮鞋了。
946答案：牵牛花。
947答案：电风扇。
948答案：被甲打死了。
949答案：任人宰割。
950答案：把一支毛笔弄开叉后再画即可。
951答案：降落伞。
952答案：在“水”字的左边加两点成为“冰”。
953答案：四十三。
954答案：刀山。
955答案：下课。
956答案：一棵树拴一匹马正好（因为“一溜”就是一六，所以1+6+3=10）。
957答案：打长途电话。
958答案：因为他吃了一个神父。
959答案：床。
960答案：声音太大，它用翅膀捂住耳朵，所以掉下来了。
961答案：小报告。
962答案：因为英国男人都是绅士，讲究女士优先。
963答案：宇宙飞船。
964答案：因为塞到恐龙的牙缝里了。
965答案：昨天。
966答案：扔最重的那一个。
967答案：别人用枪指着你的时候。
968答案：在国外的时候，因为外国的月亮比较圆。
969答案：他是划酒拳的高手。
970答案：滥竽充数。

答案：

971答案：他把猴子屁股当红灯了。
972答案：撒泡尿制成冰剑。
973答案：外语考试的时候。
974答案：把眼睛遮住。
975答案：选美。
976答案：肝胆相照（香皂）。
977答案：一个容易记住，一个最不容易记住。
978答案：如履（铝）薄冰。
979答案：一头牛。
980答案：煮“鱼”肉汤和“羊”肉汤。
981答案：走“日”字步。
982答案：应该是西！因为前几个字中分别有一、二、三、五。
983答案：最终会死。
984答案：胶卷。
985答案：照片。
986答案：眼花。
987答案：她嫁给了青蛙王子。
988答案：南瓜，可以变成灰姑娘的马车。
989答案：在容器底部打洞后，木块就会往下沉。
990答案：倒立。
991答案：是象棋中的车。
992答案：破财消灾。
993答案：做梦。
994答案：剃头。
995答案：一鸣惊人（一名金人）。
996答案：梅花，野梅花，草莓，杨梅。
997答案：鱼缸内没有水。
998答案：茉莉花。原因：好一朵美丽（没力）的茉莉花。
999答案：前面加S，SIX是6的意思。
1000答案：顶天立地的人。
1001答案：平平没有作弊。
1002答案：万一跌倒不会一路滚下去。
1003答案：抗生素。
1004答案：光阴似箭（四箭）。
1005答案：棺材。
1006答案：最多5秒，10000。
1007答案：任何地方都照不到太阳，因为地球不发光。
1008答案：星星。因为《鲁冰花》歌中有一句“天上的星星不说话”。
1009答案：因为菜鸟有口吃。
1010答案：因为它们是鸵鸟。